엄마표 밥반찬
레시피 201

Foreign Copyright:
Joonwon Lee
Address: 3F, 127, Yanghwa-ro, Mapo-gu, Seoul, Republic of Korea
3rd Floor
Telephone: 82-2-3142-4151, 82-10-4624-6629
E-mail: jwlee@cyber.co.kr

대한민국 대표 집밥 요리 백과
엄마표 밥반찬 레시피 201

2012. 1. 10. 1판 1쇄 발행
2018. 9. 17. 1판 10쇄 발행
2021. 7. 20. 2판 1쇄 발행
2023. 1. 4. 2판 2쇄 발행

저자와의 협의하에 검인생략

지은이 | 이미옥
펴낸이 | 이종춘
펴낸곳 | BM (주)도서출판 성안당
주소 | 04032 서울시 마포구 양화로 127 첨단빌딩 3층(출판기획 R&D 센터)
10881 경기도 파주시 문발로 112 파주 출판 문화도시(제작 및 물류)
전화 | 02) 3142-0036
031) 950-6300
팩스 | 031) 955-0510
등록 | 1973. 2. 1. 제406-2005-000046호
출판사 홈페이지 | **www.cyber.co.kr**
ISBN | 978-89-315-5726-8 (13590)
정가 | **18,000원**

이 책을 만든 사람들
책임 | 최옥현
기획 · 편집 | 김건우
진행 | 정지현
사진 | 김건우
본문 디자인 | 상:想 company
표지 디자인 | 상:想 company, 박원석
홍보 | 김계향, 박지연, 유미나, 이준영, 정단비
국제부 | 이선민, 조혜란
마케팅 | 구본철, 차정욱, 오영일, 나진호, 강호묵
마케팅 지원 | 장상범
제작 | 김유석

■ 도서 A/S 안내

성안당에서 발행하는 모든 도서는 저자와 출판사, 그리고 독자가 함께 만들어 나갑니다.
좋은 책을 펴내기 위해 많은 노력을 기울이고 있습니다. 혹시라도 내용상의 오류나 오탈자 등이 발견되면 **"좋은 책은 나라의 보배"**로서 우리 모두가 함께 만들어 간다는 마음으로 연락주시기 바랍니다. 수정 보완하여 더 나은 책이 되도록 최선을 다하겠습니다.
성안당은 늘 독자 여러분들의 소중한 의견을 기다리고 있습니다. 좋은 의견을 보내주시는 분께는 성안당 쇼핑몰의 포인트(3,000포인트)를 적립해 드립니다.

잘못 만들어진 책이나 부록 등이 파손된 경우에는 교환해 드립니다.

엄마표 밥반찬 레시피 201

이미옥 지음

BM (주)도서출판 성안당

Prologue

"엄마, 갈비찜을 매콤하게 하려는데 어떻게 해요?"

더 맛있게 하는 비법을 찾기 위해서 오늘도 전화기로 이것저것 여쭈어 봅니다. 저에겐 요리 멘토가 세 분 계세요. 엄마, 큰엄마, 시어머니! 장작을 지펴서 만두를 찌고, 숯불에 김치전을 굽고, 손이 빨라 금방 후다닥 만드시는 엄마에 이어, 맛깔 나는 반찬, 찌개 등 뭐든 맛있게 하시는 큰엄마를 눈여겨보면서 그 손맛을 익혔어요. 결혼 후에는 직접 멸치를 절구에 빻고, 설탕대신 꿀을 넣어 건강한 반찬을 만드시는 시어머니까지 제게 든든한 멘토 분들이에요. 학교 진학을 위해 일찍부터 부모님 곁을 떠나 있어서 외롭고 정이 그리웠지만, 자연스럽게 요리와 먹을거리에 관심을 가지는 계기가 되었어요.

평소 화학조미료가 들어가지 않고 순수한 맛을 가진 요리에 관심을 갖다보니 외식 보다는 집에서 만들어 먹어야 소화도 잘 되고 든든한 것 같아요. 이 책에서는 각각의 음식 재료가 가진 효능에 대해서 썼어요. 음식을 먹을 때 무심코 먹는 것보다 들어간 재료가 가진 효능과 영양을 알고 먹으니 내 몸이 건강해지고 있다는 생각이 들어요. 보약이 따로 있는 것이 아니라 밥이 보약인거죠.

음식을 만들 때 좋은 재료라고 해서 무조건 많이 넣기보다는 사소한 차이지만 적절한 때에 적당한 양을 넣어야 제 맛이 나요. 향을 내는 마늘을 예로 들어보면 볶음요리를 할 때는 처음부터 넣어 볶아주고, 찌개를 끓일 때는 나중에 넣는 것처럼 말이죠. 이런 미세한 차이들이 음식의 맛을 결정짓는 중요한 요소가 되지요. 엄마가 해주시는 밥이 이 세상에서 최고란 말! 오랜 시간동안 경험과 노력으로 시행착오를 거쳐 만들어진 결정체가 바로 엄마의 요리가 아닌가 생각해요. 이 책에서는 엄마들의 손맛을 쉽게 따라할 수 있게 노하우와 비법을 꼼꼼히 정리했어요.
절친한 친구 중 한 명은 마늘이 없어서 급한 대로 장아찌를 담근 마늘로 반찬을 만들었는데 결국 못 먹고 버렸다고 하더군요. 그 친구의 엉뚱한 행동에 웃고 말았지만, 내가 먹고, 내 가족이 먹을 음식에 그런 모험은 하지 마세요. 책에 있는 내용을 그대로 따라해 보세요. 그러면 멋진 요리 하나가 금방 완성될 거예요.

남동생에게 감자찌개를 해 준 적이 있는데 두 그릇을 뚝딱 해치우고, 먹는 내내 맛있다고 감탄을 하더군요. 그때가 얼마나 기쁘던지! 제가 직접 요리를 해보니 스스로 맛있어 하는 것보다 먹어주는 사람이 맛있다고 칭찬할 때가 더 뿌듯하고 보람이 있어요. 바로 이 책을 보고 요리한 분들이 칭찬을 많이 받았으면 하는 것이 저의 작은 소망이에요.

어린 시절 TV에서 나오는 요리프로그램을 흉내 내면서 풀과 꽃, 흙으로 소꿉놀이를 했던 생각이 나요. 이제는 그 소꿉놀이가 현실이 되어 이렇게 한 권의 책으로 나오게 되었네요. 이 책이 나오기까지 잘 할 수 있도록 격려해 주신 엄마, 아빠, 시부모님, 그리고 가족들, 옆에서 큰 도움을 준 남편, 그리고 믿고 기다려 주신 성안당 관계자분들께 감사드려요.
저의 멘토이신 엄마, 큰엄마, 시어머니! 몇 숟가락을 넣어야 하는지 여쭈어 볼 때마다 "그걸 어떻게 일일이 기억하냐?" 하시면서도 꼼꼼하게 가르쳐주시고, 귀찮을 정도로 집요한 질문에도 하나라도 더 알려주시려 했던 세 분께 감사드려요. 그리고 사랑합니다. 또한 이 책으로 오늘도 음식을 만드시는 독자 여러분들께도 깊은 감사드립니다.

2012년 1월
이미옥

Contents

Intro 요리 전 알아두기

Part 01. 무침반찬

Part 02. 조림반찬

Contents

Part 03. 볶음반찬

Part 04. 찜, 구이반찬

Contents

Part 05. 부침, 튀김반찬

Part 06. 김치, 저장반찬

Contents

Part 07. 별미요리

INDEX

Intro

요리 전 알아두기

밥반찬 잘 만드는 기본기

1. 계량법

숟가락으로 계량하기

■ **1큰술** 숟가락에 가득 담아 넘치지 않는 모양

고추장 1 큰술

진간장 1 큰술

■ **1/2큰술** 숟가락의 절반보다 약간은 많은 모양

고춧가루 1/2 큰술

고추장 1/2 큰술

■ **1작은술** 찻숟가락에 가득 담아 넘치지 않는 모양

다진마늘 1 작은술

매실액 1작은술

■ **1/3작은술** 찻숟가락의 끝부분을 채운 모양

소금 1/3 작은술

생강가루 1/3 작은술

종이컵으로 계량하기

■ **종이컵(1컵=200ml)** 주변에서 쉽게 구할 수 있는 종이컵으로 계량해요.

1컵

1/2컵

1/3컵

■ **쌀컵** 종이컵 대신 이용해도 돼요.

쌀컵은 투명하면서 눈금이 표시되어 있어서 쓰기 편하고, 실용적이에요.

손으로 계량하기

■ **부추 1 줌**

■ **콩나물 1 줌**

■ **소금 조금** 엄지와 검지로 집히는 양

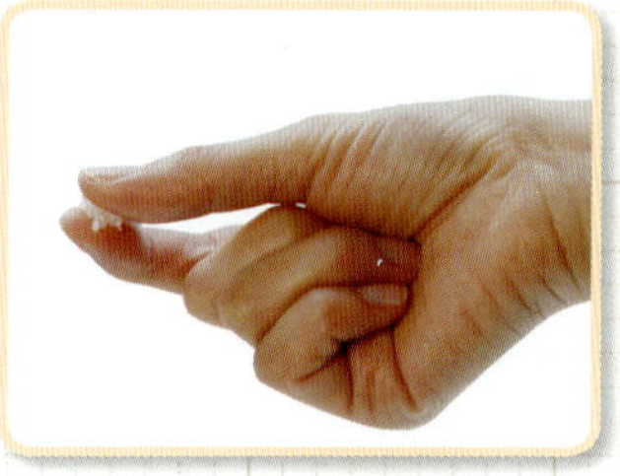

그 밖의 표기

■ **1+1/2큰술** 1숟가락을 넣고 다시 1/2숟가락을 넣는 양

■ **분량표시가 되어있지 않은 것** 취양에 따라서 넣는 양

알아두세요

■ **만드는 시간** 재료를 씻고 다듬는 시간은 빼고, 썰고 조리하는 시간을 나타냈어요.

■ **난이도** 간단한 요리부터 어려운 요리를 별로 표기했어요. 별이 많을수록 어려운 요리예요.

■ **칼로리** 칼로리는 기본적으로 1인분 기준이며, 개인적인 양과 들어간 재료에 따라서 약간의 차이가 날 수 있어요.

■ **한소끔** 한 번 우르르 끓어오를 때를 말해요.

밥반찬 잘 만드는 기본기

2. 사용한 양념들

■ 진간장(양조간장, 왜간장)

콩과 밀, 소금물을 같이 발효한 것으로 국간장보다 짠맛이 덜하고 단맛이 나며 조림이나 볶음을 할 때 넣어요. 간장은 균이 발생하기 쉬우니 실온에 두지 말고 냉장보관 하세요.

■ 국간장(조선간장, 청장)

메주와 소금물을 같이 발효한 것으로 집에서 만들어 먹는 집간장을 말해요. 구입할 때는 조선간장을 사면 되고요. 국간장에는 몸에 좋은 무기질과 미네랄이 풍부해요. 색이 맑고 깊은 맛이 나서 나물을 무칠 때, 국이나 찌개의 간을 할 때 넣어요. 냉장보관 하세요.

■ 천일염(굵은소금), 볶은소금, 허브맛솔트

천일염에는 몸에 좋은 미네랄이 들어 있어요. 국, 찌개, 반찬을 만들 때 넣어주면 깔끔한 맛이 풍미를 살려줘요. 천일염을 팬에 볶아서 만들면 볶은소금이 되는데요. 주로 이 책에서는 볶은소금으로 간을 했어요. 허브맛솔트는 소금에 후추와 허브를 넣어 만들어 주로 고기요리에 사용해요. 고기의 누린내를 없애고 담백하게 해줘요.

■ 황설탕

이 책에서는 유기농 황설탕을 넣어서 요리를 했어요. 백설탕보다 단맛이 적고, 풍미가 좋아요. 화학적인 정제를 거치지 않고 사탕수수에서 수분을 증발시켜서 만들어서 자연적인 색과 건강한 맛을 낸 설탕이에요.

■ 물엿, 요리당

물엿은 옥수수전분으로 만든 것으로 음식에 윤기와 단맛을 낼 때 넣어요. 요리당은 식어도 굳지 않고 물엿보다 단맛이 강해서 멸치볶음을 할 때 넣으면 맛있어요.

■ 매실액

새콤한 매실향이 음식의 감칠맛을 더하고 건강에도 좋아요. 겉절이나 무침에 설탕대신 넣고, 물에 타서 음료로 드셔도 맛있어요. 시판되는 매실액도 있으니 구입이 가능해요. 직접 매실액 만드는 방법은 매실과 황설탕을 같은 비율로 밀폐용기에 넣어 100일이 지나면 진액을 따라내면 돼요. 이때 매실은 씨를 빼고 장아찌로 만들어 드세요. 냉장보관 하세요.

■ 포도씨유

포도씨유는 기름의 향이나 빛깔, 맛이 변하는 산패 정도가 느려서 신선함이 오래 유지되고, 발연점이 높아서 튀김, 부침반찬을 만들 때 적당해요. 향이나 맛이 은은해서 음식재료의 맛을 한층 더 살려줘요.

■ 청주, 맛술(미정, 미림)

청주는 고기나 생선의 비린내를 없애주고 연하게 해줘요. 찌개나 국을 끓일 때 청주를 넣으면 잡내를 없애주고 개운한 맛이 나요. 미정, 미림이라고도 불리는 맛술은 단맛이 나는 술로, 음식에 단맛을 내주면서 잡내를 없애고 싶을 때 넣어요. 고기, 생선을 요리할 때나 김밥을 만들 때 넣어요. 냉장보관 하세요.

■ 굴소스, 두반장

굴소스는 생굴을 발효시켜서 감칠맛이 나는 소스예요. 간장이 들어가는 요리에 대신 넣을 수 있어요.
두반장은 대두와 고추를 발효시킨 것으로 매콤하고 톡 쏘는 특유의 향이 있어요. 향이 입맛에 맞지 않으면 한번 볶아서 사용하고, 냉장보관 하세요.

■ 식초

무침이나 절임반찬에 신맛과 상큼한 맛을 위해 넣어요. 재료의 색을 변하게 하니 반찬을 만들고 맨 나중에 넣어요. 2배 식초는 산도가 높아 강한 신맛이 나니 조리를 할 때 양을 적게 넣으세요.

■ 멸치액젓

멸치액젓은 구수하고 깔끔한 맛이 나서 김치를 만들 때나 겉절이를 해서 먹을 때 넣어요. 까나리 액젓은 멸치액젓보다 비린 맛이 적어 더 깔끔한 맛이 나요. 냉장보관 하세요.

■ 전분가루(녹말가루), 찹쌀가루

전분가루는 감자를 곱게 갈아서 만든 것으로 탕수육, 짜장, 아귀찜 등에 넣어 걸쭉하게 윤기를 내며, 음식이 빨리 식지 않는 역할을 해요. 찹쌀가루는 김치양념에 넣는 찹쌀풀을 끓일 때 사용해요.

■ 생강가루, 후춧가루, 계피가루

생강가루는 고기나 생선의 잡내를 없애주고, 김치를 담글 때 넣어요. 냉장 보관하면 오래두고 먹을 수 있어요. 후춧가루는 고기나 생선의 밑간을 할 때 뿌려주면 비린내를 없애주고, 국, 찌개나 반찬에 마지막에 넣어 매콤한 향과 개운한 맛을 내요. 계피가루는 매운 맛과 향이 나고, 사과잼이나 수정과를 만들 때 넣어요.

■ 통후추, 피클링스파이스

통후추는 고기를 삶을 때나 피클을 만들 때 넣어주면 잡내를 없애주고 향을 좋게 해줘요. 피클링스파이스는 씨겨자, 코리안더 등 여러 향신료가 섞여 있어서 간편하게 피클을 담글 수 있고, 맛과 향을 좋게 해줘요.

■ 돈가스소스

토마토, 식초, 과일을 넣어서 만든 소스로 새콤달콤한 맛이 나요. 돈가스에 뿌려서 먹으면 고기 맛이 좋아져요. 냉장보관 하세요.

■ 파슬리, 레몬즙

파슬리는 주로 장식용으로 쓰는데요. 향이 강하지 않아서 샐러드나 스프, 한식요리에도 어울려요. 레몬즙은 드레싱소스나 잼을 만들 때 넣고, 생선요리에 넣어 비린내를 없애줘요.

3.반찬을 맛있게 만드는 기본기

❶

❷

■ 볶음반찬

- 바닥이 넓고 두께가 있는 팬을 사용하세요. 바닥이 넓어야 재료에 열이 골고루 전달돼요.
- 재료를 볶기 전에 팬을 뜨겁게 달군 다음 기름을 두르세요.
- 재료는 비슷한 크기로 작게 썰어요. 크기가 작고 일정하면 열이 골고루 전달되어 빨리 익어서 영양가 손실이 적어요.
- 마늘, 양파 등 향미채소는 먼저 볶아서 향을 내세요. 그 다음 단단한 재료 순으로 볶다가 색이 선명하게 살아야 하는 피망, 브로콜리 등은 마지막에 넣어서 살짝만 볶아요. ❶
- 재료에 수분이 많은 것은 미리 끓는 물에 데쳐서 물기를 없애고 볶아요. 볶음요리를 할 때는 국물이 생기지 않아야 합니다. ❷
- 음식의 간은 재료를 어느 정도 익힌 후에 하세요.

❶

❷

■ 조림반찬

- 냄비는 바닥이 넓고 두께가 어느 정도 있는 것이 좋아요.
- 국물의 양은 재료가 잠길 듯이 자작하게 부어요. 생선의 경우 윗면은 양념이 배지 않을 수도 있으니 수저로 자주 국물을 끼얹어요. 또한 국물을 부울 때는 냄비의 가장자리로 살며시 원을 그리면서 부어주세요. ❶
- 불의 세기는 센불에서 한소끔 재빨리 끓이고, 약한불로 줄여서 국물이 계속 끓고 있는 상태로 두세요. 재료에 간이 배면 마지막에 물엿을 넣고 뒤적거리면서 수분을 날려주면 윤기가 나요. ❷

❶

❷

■ 찜반찬

- 찜 냄비의 물은 찜기에 닿지 않도록 적당히 넣어요. 물이 끓어오르면서 재료에 물이 닿아 밀가루 옷이 뭉개지고 질척거릴 수도 있기 때문이에요. ❶
- 물이 팔팔 끓어 김이 오를 때 재료를 넣고 찌세요.
- 갈비찜의 경우 부서지기 쉬운 감자나 당근 등은 모서리를 둥글게 깎고, 고기가 익어갈 때쯤 넣어야 찜이 완성됐을 때 깔끔해요. ❷

■ 구이반찬

- 생선은 굽기 직전에 소금을 뿌려요. 미리 뿌려두면 생선에서 물이 나와서 바삭하게 구워지지 않아요.
- 팬을 뜨겁게 달군 후에 기름을 두르고, 생선의 껍질부분부터 구워요. 팬을 충분히 달구지 않으면 바닥에 눌러 붙어요.
- 껍질 쪽은 센불에서 굽다가 노릇노릇해지면 중간불로 줄여서 속까지 익히고, 뒤집어서 다시 센불로 굽다가 중간불로 속까지 익히세요. ❶
- 생선에 밀가루를 묻혀서 구울 때는 굽기 직전에 묻혀요. 미리 밀가루를 묻혀두면 생선의 물기를 흡수하여 끈적거리고 금방 타게 돼요. ❷

■ 부침반찬

- 팬은 충분히 달군 다음 기름을 둘러요. 팬이 달구어지지 않고 전을 부치면 기름만 많이 흡수하고 깔끔한 모양이 되지 않아요.
- 부침의 반죽은 걸쭉하게 끈기가 있어야 쫀득해요.
- 반죽을 한 국자 떠서 동그랗게 최대한 얇게 펴줘야 쫄깃한 부침이 돼요. ❶
- 전을 뒤집어서 뒤집개로 꾹꾹 눌러 가면서 부쳐야 찰지고 쫄깃해져요. ❷
- 부침을 할 때는 처음부터 기름을 넉넉히 둘러요. 조리 도중에 기름을 넣으면 온도가 떨어져서 기름만 흡수하게 되요. 만약 굽는 도중에 기름이 모자라면 가장자리로 두르세요.

■ 튀김반찬

- 재료의 물기를 꼭 제거하세요. 물기가 남아있으면 튀길 때 위험하고, 기름을 많이 흡수해서 눅눅해져요.
- 밀가루를 체에 쳐서 사용하면 공기 함유량이 많게 되어 바삭한 튀김이 돼요.
- 반죽을 할 때는 달걀을 완전히 푼 다음 밀가루를 넣으세요. 밀가루에 달걀을 깨뜨려서 젓다보면 밀가루에 끈기가 생겨서 바삭한 튀김이 안돼요.
- 튀김반죽을 만들 때는 젓가락으로 툭툭 치듯이 대충 섞어서 날 밀가루가 1/3 정도 남게 해요. 밀가루를 너무 풀면 끈기가 생겨서 바삭한 튀김이 안돼요. ❶
- 튀김온도는 반죽을 조금 떨어뜨려서 맞추세요. ❷

  150~160℃ 바닥까지 가라앉고 금방 떠오르지 않을 때

  170℃ 중간까지 내려간 다음 떠오를 때(크로켓, 돈가스, 닭튀김)

  190℃ 금방 떠오르고 소리가 나면서 거품이 생길 때(새우나 굴튀김)

밥반찬 잘 만드는 기본기

4.꼼꼼하게 재료 보관하기

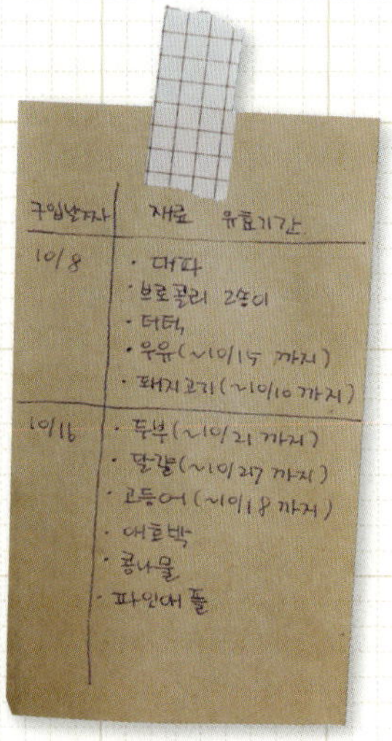

■ 냉장고 건강하게 이용하기

- 식재료를 구입할 때는 1주일 단위로 먹을 만큼만 사세요.
- 재료를 사서 그대로 냉장고에 넣지 말고, 손질을 한 다음 싱싱함이 유지될 수 있게 밀폐용기에 보관하세요.
- 냉장고 문 앞에 구입한 재료의 날짜와 유효기간을 적어서 붙이세요. 한눈에 알아볼 수 있어서 버려지는 음식이 줄어들어요.
- 냉장고를 너무 믿지 마세요. 냉장고는 음식의 세균번식을 못하게 하는 것이 아니라 세균의 번식을 느리게 하는 것 뿐이에요.

■ 냉장고에 보관하는 기한

냉동

- 소고기 1~3개월
- 돼지고기 15일~1개월
- 닭고기 4~6개월
- 생선 15일~1개월
- 데친 채소 2개월
- 빵 2주

냉장

- 소고기 3~5일
- 돼지고기 2일
- 닭고기 2일
- 생선 2일
- 데친 채소 2일
- 빵 3~10일

냉장실보관재료

당근, 연근, 시금치 신문지로 싸서 물 분무하고 비닐팩이나 지퍼팩에 넣어서 보관

오이, 애호박, 부추, 파, 버섯 신문지로 싸서 비닐팩이나 지퍼팩에 넣어서 보관

양배추, 깻잎, 무 비닐랩으로 싸서 비닐팩이나 지퍼팩에 넣어서 보관

고추, 브로콜리, 파프리카, 상추 비닐팩이나 지퍼팩에 넣어서 보관

냉동실보관재료

육류 쇠고기, 돼지고기, 닭고기 1회분 씩 나눠서 랩으로 싼 다음 지퍼팩에 보관

생선류 갈치, 고등어, 꽁치 1회분 씩 나눠서 랩으로 싼 다음 지퍼팩에 보관. 내장을 제거하고 간이 배게 소금과 청주로 밑간을 해서 얼리세요.

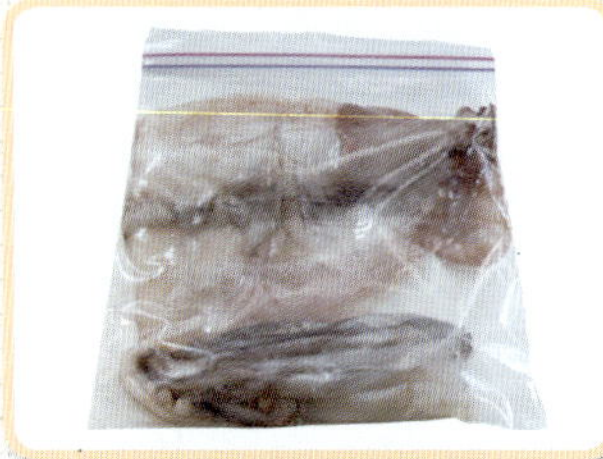

해물류 오징어, 새우, 게, 조개 1회분 씩 지퍼팩에 보관. 천일염을 넣고 살짝 데쳐서 넣어 두면 좀 더 오래 보관이 돼요.

채소류 콩, 고추, 파, 마늘 그대로 밀폐용기나 지퍼팩에 보관. 다진마늘은 넓적하게 펴서 비닐팩에 얼린 다음, 칼로 자를 수 있게 살짝만 녹여서 1작은술 크기로 네모나게 잘라두면 요리할 때 편해요.

브로콜리, 부추, 나물류 천일염을 넣고 끓는 물에 살짝 데쳐서 1회분 씩 지퍼팩에 보관

양념류 깨, 고춧가루, 콩가루 지퍼팩이나 밀폐용기에 넣어서 보관

다시마, 멸치 다시마는 사방 10cm로 잘라서 지퍼팩에 넣어서 보관. 멸치는 머리와 내장을 제거하고 팬에 살짝만 볶아서 식힌 후, 지퍼팩에 넣어 보관

실온보관재료

감자, 고구마 종이상자에 넣고 서늘한 그늘에서 보관. 고구마는 온도가 낮으면 얼어버리니 겨울철에는 따뜻한 곳(10~15℃)에서 보관하세요.

마늘, 양파, 생강 신문지에 싸서 서늘한 그늘에서 보관. 마늘이나 양파는 망에 넣고 걸어서 보관해도 돼요.

배추, 무 배추는 밑동에 칼집을 내고 신문지로 싼 다음, 밑동이 아래로 가게 세워 서늘한 곳에 두세요. 무를 겨울철에 오래 두고 보관할 때는 바람이 들지 않게 하나씩 비닐팩에 넣고 종이상자에 넣어 서늘한 곳에서 보관해요.

콩, 현미 등 곡류 패트병에 넣어서 두면 벌레가 생기지 않고 오래 보관이 돼요.

밥반찬 잘 만드는 기본기

5. 건강하게 밥상 준비하기

■ 주방에서 쓰는 도마나 칼, 행주의 관리를 잘 해야 돼요.

음식을 만들기 전에 깨끗이 손을 씻고, 도마는 고기와 생선, 채소를 쓰는 것을 따로 분리해서 쓰세요. 먹고 난 우유팩을 깨끗이 씻어서 고기와 생선을 손질할 때 깔아서 쓰면 위생적이에요. 도마와 칼은 끓인 물을 부어서 소독하세요. 행주는 자주 삶아서 햇빛에 널어요.

■ 스테인리스 조리 기구나 유리용기를 사용하세요.

알루미늄으로 된 냄비로 음식을 만들면 적은 양이지만 해로운 물질이 우리 몸에 쌓여 좋지 않아요. 코팅된 조리 기구는 코팅이 벗겨지면서 안 좋은 성분이 발생해요. 스테인리스로 된 조리기구는 해로운 물질이 나올 걱정이 없고, 관리만 잘하면 언제나 새 것같이 오래 쓸 수 있어요. 또한 음식냄새가 배지 않아 재료의 맛을 살리는 요리를 할 수 있어요.

유리용기는 음식의 맛이나 색이 배지 않아서 좋고, 환경호르몬이 발생하지 않아서 안심하고 음식물을 넣어 보관할 수 있어요.

■ 곰팡이 핀 재료나 음식은 먹지 말고, 달걀을 만진 다음에는 꼭 손을 씻으세요.

곰팡이가 핀 부분만 도려내고 먹으면 된다는 생각을 하지만, 눈에 보이지 않는 균들이 남아 있을 수가 있으니 조심하세요. 달걀을 만지고 다른 식재료를 만지면 달걀 표면에 있는 살모넬라균이 옮겨가 오염이 될 수 있으니, 세제로 손을 깨끗하게 씻어서 식중독을 예방하세요.

■ 냉동한 재료는 언 채로 바로 조리하고, 해동 시에는 전자레인지를 이용하세요.

고기나 생선은 얼린 채로 바로 조리를 하면 본래의 맛이 살아나 맛있어요. 데친 나물도 꽁꽁 언 채로 끓는 물에 넣고 한 번 데쳐서 무쳐 먹어요. 밥을 지을 때도 냉동한 콩을 바로 넣어 짓고, 찌개나 국을 끓일 때 파나 마늘도 언 채로 바로 넣어주면 향과 맛이 살아나요. 해동이 필요할 경우엔 전자레인지에 돌려서 녹이거나, 미리 하루 전날 밤에 냉장실로 옮겨서 녹이세요. 냉장실에서 서서히 녹이면 고기의 맛이 그대로 유지되고, 세균번식도 적게 돼요.

주의할 점은, 물에 담가서 녹이면 세균이 번식해서 식중독 위험이 있어요. 또한, 1회분 씩 보관하여 필요한 양만큼 꺼내 드시고, 한 번 녹인 고기는 다시 얼리지 마세요. 가능하면 해동한 것은 바로 조리해야 안전해요.

■ 요리 시 가열하는 시간을 짧게 해서 영양의 손실을 줄이세요.

볶는 요리는 뜨겁게 팬을 달군 다음 재빨리 재료를 익히고, 튀김을 할 때는 작은 크기로 만들고 튀김옷을 얇게 묻혀서 빠르게 두 번 튀기세요. 채소를 데칠 때는 물을 넉넉하게 넣어야 온도변화 없이 빨리 데칠 수 있어요. 생선으로 찌개나 조림을 할 때는 국물이 끓을 때 생선을 넣고 단시간에 익혀야 건강에 좋아요.

■ 가공식품은 데쳐서 먹고, 채소나 과일은 흐르는 물에 씻으세요.

어묵이나 햄, 맛살은 끓는 물에 살짝 데치거나 뜨거운 물을 부어서 첨가물을 녹여 낸 다음 조리해요. 버섯이나 브로콜리는 끓는 물에 데쳐서 바로 흐르는 물에 헹구고, 과일은 흐르는 물에 깨끗하게 씻어서 껍질을 벗겨 먹으면 잔류 농약을 거의 제거할 수 있어요.

Have Some more meal!
just eat

PART 1. 무침반찬

무침반찬은 채소나 말린 생선, 해초 등을 여러 가지 양념과 함께 무치는 반찬을 말합니다. 오이, 콩나물, 가지와 같이 쉽게 구할 수 있는 재료에 고춧가루, 간장, 참기름 등 기본양념들만 넣고 조물조물 무치면 금방이라도 따뜻한 밥을 함께 넣어서 비벼 먹고 싶게 만듭니다. 무침반찬에서 가장 중요한 것은 재료 본연의 맛을 낼 수 있는 싱싱한 음식 재료를 준비하는 것입니다. 신선한 재료에 고춧가루나 고추장을 넣고 무치면 음식이 매콤해지고, 콩가루를 함께 넣어 무치면 더욱 담백해지고, 간장과 함께 무치면 맛이 깊어지고 음식이 더욱 맛깔스럽게 변신해요. 자, 요리에 자신이 없는 분들이라면 먼저 누구나 손쉽게 만들 수 있는 무침반찬부터 시작해 보세요.

보랏빛의 건강

가지무침

보랏빛의 가지는 여름의 대표적인 채소예요.
가지 잎 뒷면에 알레르기를 일으키는 하얀가루 때문에 직접 농사를 짓는 분들은 재배가 힘들다고 해요.
가지를 찌면 부드러워져서 누구나 부담 없이 즐길 수 있는 반찬이 되죠.

만드는 시간 20분

2인분

난이도

칼로리 126 Kcal

이렇게 필요해요

대표재료 가지(2개)

무침양념 국간장(1큰술), 다진마늘(1작은술), 다진파(1큰술), 깨소금(1작은술), 참기름(2작은술)

1 가지는 물로 씻은 다음 3등분을 하고, 자른 토막을 반 갈라 주세요.

2 찜통에 넣은 후 물이 끓으면서 김이 나면 5분 정도 찌세요.

식히지 않고 바로 짜면 뜨거워요.

3 미지근하게 식힌 후, 먹기 좋게 찢어요. 손바닥 전체로 꾹 눌러서 물기를 짜고, 무침양념을 넣고 골고루 무치세요.

친절한 비법전수

가지는 충분히 식힌 후에 물기를 짜야 돼요. 조직이 연해서 너무 꽉 짜면 형태가 뭉그러져서 식감도 없고 모양도 살지 않으니 손바닥 전체로 꾹 눌러 주세요.

이재료의 효능은?

가지가 가지고 있는 특유의 안토시아닌 색소는 피를 맑게 하고 동맥에 생기는 침전물을 방지하여 동맥경화를 예방하고, 심장병과 뇌졸중도 예방합니다. 또한 최근 발표에 따르면 가지 주스가 세포 손상을 억제하여 암을 예방하는 효과가 있다고 합니다. 가지가 아프리카에서는 신경통에 효과가 있는 약재로 이용되고 있다고 합니다.

쓰지만 몸에 좋은 건강반찬

고들빼기무침

예전엔 들에서 흔하게 자라는 고들빼기지만 요즘엔 좀처럼 찾아보기가 힘들어요.
몸에 쓴 것이 좋다는 옛말이 있지요? 고들빼기도 그 중 하나죠.
부드럽게 삶아서 빨갛게 양념을 해서 먹으면 오히려 쓴맛이 식욕을 자극해서 밥맛을 좋게 해요.

만드는 시간 15분

4인분

난이도

칼로리 78 Kcal

이렇게 필요해요

대표재료 고들빼기(2줌), 다진파(1큰술), 천일염

무침양념 고추장(1큰술), 국간장(1큰술), 설탕(1큰술), 다진마늘(1/2큰술), 참기름(1큰술), 깨소금(1큰술), 식초(1큰술)

1 고들빼기는 흙을 털어내고, 시든 잎을 다듬어서 물에 담가 남아있는 흙을 깨끗이 씻어 주세요.

2 끓는 물에 천일염을 넣으세요. 고들빼기는 뿌리부터 넣고, 뿌리가 익을 때까지 삶아주세요.

3 고들빼기는 찬물로 헹구어서 물기를 짜고, 무침양념장을 만들어서 매콤하게 무쳐주세요.

친절한 비법전수

고들빼기는 쓴맛이 강해서 끓는 물에 한번 삶아서 무쳐야 먹을 때 쓴맛이 덜해요.

이재료의 효능은?

고들빼기의 잎이나 줄기를 자르면 우유와 같은 하얀 액체가 나옵니다. 쓴맛을 내는 사포닌 성분이 소화 기능을 좋게 하고 위장을 건강하게 만듭니다. 잠을 쫓는 효과가 있어 수험생에게 도움을 주며, 몸 안의 독소를 밖으로 배출해 주고, 피를 맑게 해주는 효능이 있습니다.

고기같이 쫀득쫀득한

느타리버섯무침

느타리버섯을 살짝 데쳐서 무침을 하니 고기를 씹는 것 같은 쫀득쫀득한 식감이 살아있어요. 버섯의 여러 가지 좋은 성분들의 흡수를 좋게 하려면 충분히 꼭꼭 씹어서 먹어야 돼요.

만드는 시간 15분

2인분

난이도

칼로리 47 Kcal

이런게 필요해요

대표재료 느타리버섯(2줌=200g), 천일염

무침양념 국간장(1큰술), 고춧가루(1작은술), 설탕(1/2작은술), 참기름(1작은술), 깨소금(1작은술), 다진파(1큰술), 다진마늘(1/2작은술)

1 버섯은 밑동을 자르고 한 가닥씩 가릅니다. 끓는 물에 천일염을 조금 넣고 버섯을 데치고 찬물에 헹구세요.

2 버섯은 물기를 꼭 짜고, 무침양념을 한곳에 만들어 두세요.

3 버섯에 양념을 넣고 골고루 무칩니다.

친절한 비법전수

버섯을 씻을 때 물에 오래 담가두면 항암작용을 하는 성분들이 물에 녹아버리니 흐르는 물에 살짝만 씻어주세요.

이 재료의 효능은?

느타리버섯은 칼로리가 낮으면서도 포만감을 주기 때문에 비만 예방에 아주 좋습니다. 또 식이섬유소가 많아서 당의 흡수를 늦추기 때문에 혈당을 낮추어 줍니다. 버섯에는 셀레늄이라는 성분이 있어 인체의 노화를 예방하고, 칼륨이 풍부하여 혈액 중의 나트륨을 몸 밖으로 배출하는 효능이 있습니다.

매콤한 고추향이 은은하게 살아있는

고춧잎나물

고추는 따서 많이 먹지만 고춧잎도 삶아서 먹으면 맛있어요. 잎이 연하면서도 고추의 향이 은은하게 배어있거든요. 비타민도 풍부하고 몸에 좋은 각종 영양소가 들어있으니 많이 드세요. 단, 고추가 익을 수 있게 잎을 너무 많이 따진 마세요~

만드는 시간 10분

2인분

난이도

칼로리 72 Kcal

이런게 필요해요

대표재료 고춧잎(3줌=150g), 천일염(조금) **무침양념** 국간장(1작은술), 다진마늘(1작은술), 깨소금(1작은술), 참기름(1작은술), 볶은소금(1/2작은술)

1 억센 줄기는 떼어 내고 먹기 좋게 다듬어주세요.

2 끓는 물에 고춧잎을 넣고 천일염도 넣어 3분간 삶아주세요.

3 찬물에 바로 넣어서 헹군 다음 물기를 빼주고, 손바닥 사이에 고춧잎을 넣고 물기를 짜주세요.

4 넓은 그릇에 고춧잎과 무침양념을 넣고 훌훌 털듯이 가볍게 무쳐주세요.

이재료의 효능은?

고춧잎에는 비타민이 무려 풋고추의 70배 이상 들어 있습니다. 단백질과 칼슘, 비타민 A, C가 풍부하게 들어있어 세포의 신진대사를 촉진시키며, 남성의 전립선암과 여성의 자궁암 예방에 좋습니다. 고춧잎을 생즙으로 만들어 먹으면 감기 예방에 좋으며, 당뇨에도 좋은 효능을 가지고 있습니다.

젊음을 유지시켜 주는 반찬

냉이된장무침

냉이된장무침은 냉이 본연의 맛과 향을 그대로 살린 나물 반찬이에요.
노화를 예방하고 원기회복에 좋은 냉이 드시고 봄철 건강을 지키세요.

만드는 시간 15분

2인분

난이도

칼로리 20 Kcal

이렇게 필요해요

대표재료 냉이(2줌=100g), 천일염

무침양념 된장(1큰술), 설탕(1작은술), 참기름(1작은술), 다진파(1큰술), 다진마늘(1작은술), 깨소금(1작은술)

1 냉이는 시든 잎을 떼어내고 물에 담가 흙이 떨어지게 한 다음, 살살 흔들어주면서 헹구어 주세요.

2 끓는 물에 천일염을 조금 넣고 뿌리가 익을 때까지 데친 다음, 바로 찬물로 헹구어 물기를 짜주세요.

3 냉이와 무침양념을 함께 넣고 구수하게 무쳐줍니다.

친절한 비법전수

냉이, 달래와 같은 봄나물은 특유의 향을 살릴 수 있게 양념은 최대한 적게 넣어야 맛있게 먹을 수 있어요.

이재료의 효능은?

냉이에 많이 들어있는 비타민A는 활성 산소의 작용을 억제하여 노화를 예방하고 젊음을 지키게 해주는 효능이 있습니다. 또한 냉이는 간의 기능을 좋게 하여 지방간을 막아주며, 피로를 해소하고, 원기를 회복하는데 도움을 주는 식품입니다.

봄의 향기를 가득 담은 반찬

냉이달래무침

봄이 되면 더욱 맛있는 제철 나물로 나른해진 몸에 기운을 불어넣어 보세요.
매콤하고 새콤달콤한 냉이달래무침이 달아난 입맛을 살려줄 거예요.

만드는 시간 15분

4인분

난이도

칼로리 80 Kcal

이렇게 필요해요

대표재료 냉이(2줌=100g), 달래(1줌=50g), 천일염 **무침양념** 고추장(1큰술), 국간장(1작은술), 설탕(1작은술), 식초(1작은술), 다진파(1큰술), 다진마늘(1작은술), 참기름(1작은술), 깨소금(1작은술)

1 냉이와 달래는 시든 잎을 떼어내고, 흙도 털어내서 물로 깨끗이 씻어주세요.

2 끓는 물에 냉이와 달래를 따로 넣고 천일염을 조금 넣어 데치고, 찬물에 헹궈 물기를 꼭 짜세요.

3 무침양념을 만들어서 냉이와 달래를 넣고 골고루 무쳐줍니다.

이 재료의 효능은?

'들의 약재'로 불리는 달래는 비타민 A, B, C, 칼슘, 인, 철 등이 풍부하여 봄철 춘곤증을 없애주는 식품입니다. 달래에 들어 있는 칼슘은 나른함을 없애주는 효과가 있습니다. 또한 달래는 신경을 안정시키고 양기를 보강하는 효능도 가지고 있습니다.

밭에서 나는 보약을 모았어요!

더덕부추무침

더덕과 부추는 스태미너에 좋은 식품들이에요. 향이 좋은 더덕에 고추장을 넣어 매콤함까지 더해서 입맛을 살려보세요. 무침을 할 때 물엿과 식초대신 매실액 1큰술을 넣으면 감칠맛이 더해요.

친절한 비법전수

더덕의 사포닌 성분은 물에 잘 녹으니 소금물에 오래 담그지 마세요.

만드는 시간 10분

4인분

난이도

칼로리 112 Kcal

이렇게 필요해요

대표재료 깐더덕(1줌=150g), 부추(5줄기)

무침양념 고추장(1큰술), 고춧가루(1/2큰술), 물엿(1큰술), 식초(1큰술), 다진마늘(1/3큰술), 참기름(1작은술), 통깨(1작은술)

1 껍질을 벗긴 더덕은 소금물에 담가서 아린 맛을 빼주세요.

2 더덕은 방망이로 누르거나 약하게 두드려서 부드럽게 만들어주세요.

3 더덕을 먹기 좋은 크기로 자르고, 부추도 깨끗이 씻어서 더덕과 같은 길이로 잘라주세요.

4 넓은 그릇에 더덕과 부추를 담고 양념을 함께 넣어서 가볍게 무쳐줍니다.

이재료의 효능은?

한방에서는 더덕의 약효가 인삼 못지않다는 말이 있습니다. 이것은 인삼에 많이 들어 있는 사포닌 성분이 더덕에도 풍부하기 때문입니다. 더덕은 강장 식품으로 정력을 높여주고, 기침과 가래를 없애주는 효능이 있습니다.

맛도 상큼! 기분도 상큼하게!

오이무침

오이를 송송 썰어서 매콤하게 무치면 금방 반찬하나가 완성돼요.
몸과 마음이 지친 날에는 입맛과 기분까지도 상큼하게 만들어보세요.

만드는 시간 15분

2인분

난이도

칼로리 64 Kcal

이렇게 필요해요

대표재료 오이(1개), 양파(1/4개), 부추(조금), 천일염(1작은술)

무침양념 고춧가루(2/3큰술), 고추장(1/3큰술), 설탕(1/3큰술), 다진마늘(1/3큰술), 참기름(2/3작은술), 통깨(1작은술)

1 오이는 천일염으로 문질러서 흐르는 물에 씻고, 송송 썰어서 천일염에 10분 정도 절여두세요.

2 찬물에 소금기를 살짝만 헹궈내고 면보로 눌러서 물기를 없애주세요.

3 넓은 그릇에 오이와 가늘게 채 썬 양파, 부추도 썰어서 담고, 무침양념을 올려서 살살 버무리세요.

친절한 비법전수

오이를 아삭하게 무치는 방법은 소금에 살짝 절여서 물기를 손으로 짜는 것보다는 면보나 키친타월로 물기만 제거해 주는 거예요.

이 재료의 효능은?

오이는 95%가 수분으로 되어 있을 정도로 수분 함량이 높아서 갈증 해소에 좋으며, 비타민C가 들어 있어 감기 예방에도 좋습니다. 오이는 피부 미용 재료로도 좋은데, 오이 안에 들어있는 비타민과 엽록소는 미백 효과가 있으며, 칼륨이 노폐물을 제거해 주고, 수분을 많이 함유하고 있어 보습 효과가 있습니다.

입맛을 되돌려주는 새콤매콤한 반찬

도라지오이무침

쌉싸름한 도라지의 맛과 상큼한 오이의 맛이 조화를 이룬 반찬이에요.
입맛도 되돌려주고, 건강에도 좋은 도라지오이무침을 만들어 봐요.

만드는 시간 15분

2인분

난이도

칼로리 44 Kcal

이런게 필요해요

대표재료 도라지(1줌=70g), 오이(1개), 천일염 **무침양념** 고추장(1큰술), 고춧가루(1/2큰술), 물엿(1큰술), 식초(1큰술), 다진마늘(1/3큰술), 참기름(1/2작은술), 깨소금(1작은술)

1 도라지는 가늘게 잘라 천일염으로 문질러서 부드럽게 만들고, 찬물에 담가 아린 맛을 제거하세요.

2 오이는 천일염으로 문질러 물로 씻은 다음, 반달모양으로 썰어서 천일염에 살짝만 절이세요.

친절한 비법전수

도라지를 생으로 먹을 때는 소금을 넣고 문질러 부드럽게 만들어야 쓴맛이 사라지고 특유의 쌉싸름한 맛은 그대로 살릴 수 있어요.

3 넓은 그릇에 도라지와 오이를 담고 무침양념을 올려 매콤하게 무쳐주세요.

이재료의 효능은?

도라지에 들어 있는 사포닌 성분은 가래와 기침을 가라앉히고, 이눌린 성분은 염증을 치료하여 호흡기 질환을 예방하고 호흡기를 보호합니다. 또한 도라지의 이눌린 성분은 몸에 나쁜 균을 죽이고, 강력한 항암 효과도 가지고 있습니다.

산의 약초와 바다 생선의 빨간 만남

도라지오징어무침

산 도라지와 바다 오징어는 둘 다 흰색이라서 무침을 하면 어느 것이 도라지인지, 오징어인지 헷갈려요. 그러나 둘 다 맛있으니 골라 먹지는 마세요~

만드는 시간 30분

4인분

난이도

칼로리 205 Kcal

이런게 필요해요

대표재료 도라지(1줌=100g), 오징어(1마리=150g), 당근(1/4개), 양파(1/4개), 피망(1/2개), 천일염, 청주(1큰술) **도라지양념** 설탕(1큰술), 식초(1큰술), 볶은 소금(1/2작은술) **무침양념** 고춧가루(2큰술), 고추장(1큰술), 식초(2큰술), 설탕(1작은술), 물엿(1큰술), 다진마늘(1큰술), 참기름(1작은술), 통깨(1큰술)

1 도라지는 껍질 까고 여러 갈래로 나눕니다. 천일염을 넣고 주무르고, 찬물로 헹궈 도라지양념을 해두세요.

2 오징어는 안쪽에 칼집을 내고, 끓는 물에 청주를 넣고 살짝 데친 다음, 물기만 빼주세요.

3 양파와 피망, 당근은 채 썰고, 데친 오징어도 먹기 좋게 썰어주세요.

4 넓은 그릇에 오징어와 채소를 담고 무침양념을 올려 골고루 무쳐 줍니다.

이재료의 효능은?

오징어 자체가 콜레스테롤이 높은 음식에 속하지만 타우린 성분도 함께 가지고 있어 큰 걱정할 필요가 없습니다. 오징어의 타우린은 피로 회복과 콜레스테롤을 감소시키는 효과가 있습니다. 타우린이 당뇨와 성인병을 예방합니다. 타우린은 우리들이 많이 마시는 피로 회복제 음료의 주요 성분이라고 합니다. 또한 오징어에는 DHA가 풍부하여 두뇌 발달과 치매 예방에 좋은 식품입니다.

다이어트 식품의 대명사

도토리묵무침

묵을 해서 먹는 도토리는 신석기시대 사람들도 먹었다고 해요.
그 예로 서울 암사동에 있는 신석기시대 주거지에서 도토리가 나왔다고 해요.
정말 오랜 시간동안 우리의 먹거리로 이용되고 있는 고마운 식품이에요.

친절한 비법전수
도토리는 감과 같이 먹으면 변비가 심해져요. 둘다 탄닌이라는 성분을 가지고 있기 때문이에요.

만드는 시간 15분

2인분

난이도

칼로리 140 Kcal

이런게 필요해요

대표재료 도토리묵(1/2모), 쑥갓(1/2줌), 오이(1/2개), 당근(1/4개), 다진파(1큰술)

무침양념 진간장(2큰술), 고춧가루(1큰술), 참기름(1큰술), 들깨가루(1큰술=깨소금), 설탕(1/2작은술), 다진마늘(1작은술)

1 굳어버린 묵은 끓는 물에 데쳐서 말랑말랑하게 만드세요.

묵 전용칼로 썰어주면 젓가락으로 집기가 편해요.

2 묵은 한 입 크기로 자르고, 쑥갓은 4cm로 자르고, 오이는 반달 썰고, 당근은 납작하게 써세요.

3 무침양념을 한곳에 담아서 만들어 두세요.

4 넓은 그릇에 묵과 채소를 담고, 무침양념을 올려 묵이 부서지지 않게 살살 무쳐줍니다.

이재료의 효능은?

도토리묵은 칼로리가 낮아 비만을 예방하고 다이어트에 좋은 식품입니다. 도토리묵의 탄닌 성분은 몸속의 중성 지방을 줄여주고 설사를 멈추게 하며, 아콘산 성분이 중금속과 여러 독성 물질을 해독하고 내보내는 효능을 가지고 있습니다.

들기름향 가득한

상추무침

점심상차림으로 마땅히 할 게 없다면 냉장고에 있는 신선한 상추를 꺼내서 제멋대로 찢은 다음 간장과 들기름으로 무쳐보세요. 밥솥의 따뜻한 밥이 아닌 식은 밥도 상추무침과 만나면 정말 입맛당기는 비빔밥으로 변신해요.

만드는 시간 15분

4인분

난이도

칼로리 52 Kcal

이런게 필요해요

대표재료 상추(20장), 쪽파(6뿌리), 깻잎(5장), 통깨(조금) **무침양념** 진간장(3큰술), 들기름(1+1/2큰술), 고춧가루(1+1/2큰술), 설탕(1/2큰술=매실액1큰술), 깨소금(1큰술)

1 흐르는 물에 상추를 깨끗이 씻어서, 손에 쥐고 물기를 탈탈 털어 주세요.

깨소금 대신 들깨가루를 넣으면 더 진하고 고소해요.

2 쪽파는 4cm 길이로 썰고, 깻잎은 4등분으로 썰고, 무침양념을 한곳에 담아 만들어두세요.

친절한 비법전수

상추무침은 상에 내기 직전에 바로 무쳐서 먹어야 맛있어요. 무치고 시간이 지나면서 상추가 양념에 시들어버리고 물기가 생겨요.

3 손으로 찢은 상추와 쪽파, 깻잎을 넣고 양념을 올려 골고루 무친 다음 통깨를 뿌려줍니다.

이 재료의 효능은?

상추 줄기를 잘라보면 하얀 액체가 나오는 것을 볼 수 있는데 이것이 락투카리움이라는 성분입니다. 바로 이 성분이 신경을 진정시키고 졸음을 오게 만들어 불면증을 완화시킵니다. 상추에는 비타민A, 철분, 칼슘, 칼륨 등의 영양이 풍부하고, 식이섬유소가 많아서 변비 해소에 좋습니다.

씻어서 바로바로 무쳐먹는

돌나물초무침

돌나물은 잎이 연해서 귀하게 자랐을 것 같지만 바위틈에서도 뿌리를 내리고 사는 강한 식물이에요.
돌나물을 새콤한 초고추장에 무쳐서 샐러드처럼 먹으면 봄 입맛이 확 살아나요.

만드는 시간 10분

4인분

난이도

칼로리 30 Kcal

이렇게 필요해요

대표재료 돌나물(2줌)

무침양념 고추장(2큰술), 설탕(1큰술), 사이다(1큰술), 식초(1큰술), 깨소금(1작은술)

1 돌나물을 깨끗하게 다듬어 주세요.

2 물로 헹군 다음 채반에서 물기를 빼주세요.

3 무침양념을 만들어 돌나물에 뿌리거나 무쳐서 드세요.

친절한 비법전수

돌나물은 젓가락으로 살살 무쳐야 향이 살면서 맛있게 먹을 수 있어요.

이재료의 효능은?

돌나물에는 여성 호르몬인 에스트로겐과 유사한 기능을 하는 피토에스트로겐이 많이 들어 있어 여성의 갱년기 질환을 예방하는 효능이 있습니다. 또한 돌나물은 중성 지방과 콜레스테롤 수치를 내려주기 때문에 심혈관계 질환 예방에도 좋습니다. 그리고 칼슘, 비타민C, 철분도 많이 들어 있어 골다공증 예방에도 좋습니다.

마늘의 매운맛을 고소함으로 바꾼

마늘튀김무침

마늘을 튀기니 매운맛이 사라지고 고소하게 변했어요.
평소 몸에는 좋은지 알았지만 마늘이 맵고 향이 강해서 먹기를 꺼렸다면
마늘튀김무침을 한 번 만들어 보세요.

만드는 시간 20분

4인분

난이도

칼로리 155 Kcal

이렇게 필요해요

대표재료 마늘(1컵=100g), 포도씨유
간장양념 진간장(1작은술), 물엿(1큰술), 물(1큰술), 참기름(1작은술)
마무리양념 설탕(1작은술), 통깨(1작은술)

1 마늘은 깨끗이 깐 다음 물로 씻어서 물기를 완전히 제거해주세요.

2 포도씨유를 달군 다음, 마늘을 넣고 약한불에서 노릇하게 튀기세요.

3 튀긴 마늘은 체에 받쳐서 기름기를 빼주세요.

4 간장양념을 넣고 바글거리기 시작하면 얼른 마늘을 넣어 버무리고, 불을 끈 다음 설탕과 통깨를 뿌려 골고루 섞어주세요.

친절한 비법전수

마늘을 튀길 때 센불에서 튀기면 쉽게 타니, 약한 불로 낮추어서 얼른 튀겨야 돼요.

이재료의 효능은?

마늘에 들어 있는 알리신이라는 물질은 강한 항균 및 살균 작용을 해서 식중독을 예방하고, 감기와 암의 예방에도 좋습니다. 또한 피로 회복과 고혈압 예방에 좋으며, 냉한 체질을 개선하는 데에도 도움을 줍니다. 그리고 수은과 같은 중금속을 해독하는 성분이 들어 있습니다.

도시락 반찬하면 생각나는

마늘종무침

마늘이 굵어지라고 마늘종을 뽑는데요. 어린 시절 쏙쏙 뽑히는 재미에 엄마를 도와 마늘종을 많이 뽑았어요. 소금물에 삭힌 마늘종은 저장이 잘 돼서 단골 도시락 반찬이었죠.

만드는 시간 15분

4인분

난이도

칼로리 70 Kcal

이런게 필요해요

대표재료 삭힌마늘종(2줌=150g)

무침양념 고추장(1큰술), 설탕(1큰술), 물엿(1큰술), 참기름(1작은술), 깨소금(1작은술)

1 소금물을 붓고, 깨끗한 돌을 올려 마늘종이 소금물에 푹 잠기게 한 다음 삭히세요.

2 2주일 정도 지나서 마늘종을 꺼내 물에 담가 짠맛을 우려내고 4cm 길이로 썰어주세요.

3 무침양념을 만들어서 골고루 무쳐주세요.

친절한 비법전수

마늘종을 삭힐 때 소금을 적게 넣으면 오래 보관이 안되니, 짭짤하게 농도를 맞추세요. 또한, 무거운 것을 올려서 마늘종이 뜨지 않게 하세요.

이재료의 효능은?

마늘종도 마늘 못지않은 영양분과 효능을 가지고 있습니다. 풍부한 식이섬유소는 콜레스테롤 수치를 내리고, 동맥경화를 예방하며, 혈액 순환을 도와줍니다. 마늘종에 들어있는 방향 성분인 유화아릴은 비타민B군의 흡수를 도와 항산화 작용과 강장 작용을 합니다.

콩가루를 뒤집어 쓴

마늘종콩가루무침

마늘의 매운맛을 그대로 지닌 마늘종에 콩가루를 입혀주면 고소하면서도 부드러운 반찬이 돼요. 콩가루는 볶지 않은 날 것을 써야 익혔을 때 골고루 옷이 입혀져요.

만드는 시간 25분

4인분

난이도

칼로리 118 Kcal

이런게 필요해요

대표재료 마늘종(1줌=100g), 날콩가루(2큰술)

무침양념 고춧가루(1/2큰술), 고운소금(1/2작은술), 참기름(1작은술), 통깨(조금)

1 마늘종은 씻어서 4cm로 자른 다음, 찬물에 살짝 헹구어서 물기를 머금게 하고, 비닐팩에 담아 날콩가루를 넣고 골고루 섞어주세요.

2 찜통에 물이 끓어오르면서 김이 나기 시작하면 마늘종을 넣고 10분간 쪄주세요.

3 다 익은 마늘종은 넓은 접시에 옮겨 헤쳐 놓고 5분간 식혀주세요.

4 넓은 그릇에 식힌 마늘종과 양념을 한데 넣고 젓가락으로 살살 무쳐주세요.

친절한 비법전수

마늘종을 찐 다음, 뜨거운 김이 나가게 넓게 펼쳐서 식혀주세요. 그래야 콩가루 옷이 보슬보슬해져서 무칠 때 질척거리지 않아요.

이 재료의 효능은?

콩은 여성 호르몬인 이소플라본을 함유하고 있어서 유방암을 예방합니다. 특히 검은콩은 일반 콩보다 이소플라본의 함량과 흡수율이 높다고 합니다. 그리고 콩에는 단백질과 지방 등의 영양분이 풍부하며, 성인병 예방과 노화방지에도 좋습니다.

힘이 불끈 솟게 만드는

부추콩가루무침

부추를 생으로만 드셨다면 콩가루에 묻혀서 드셔보세요. 콩가루가 부추의 풋내를 없애주어서 드시기 좋을 거예요. 지금부터 힘이 솟게 만드는 부추콩가루무침을 만들어 보아요.

만드는 시간 15분

6인분

난이도

칼로리 48 Kcal

이렇게 필요해요

대표재료 부추(2줌=100g), 날콩가루(4큰술)

무침양념 고춧가루(1/2큰술), 고운소금(1/2작은술), 참기름(1작은술), 깨소금(1작은술)

1 부추는 깨끗하게 다듬어서 물로 씻고, 4cm로 잘라서 비닐팩에 콩가루와 같이 넣고 흔들어 주세요.

2 찜통에 물이 끓어오르면서 김이 나기 시작하면, 콩가루 입힌 부추를 넣고 5분간 쪄주세요.

3 부추가 서로 달라붙어 콩가루 옷이 떨어지지 않도록 펼쳐서 한 김 식혀주세요.

4 어느 정도 식으면 무침양념을 넣고 젓가락으로 살살 버무려줍니다.

이재료의 효능은?

중국의 황후인 서태후가 즐겨 먹었다고 하는 부추는 스태미나에 좋은 대표적인 음식 중 하나입니다. 부추 특유의 향을 내는 성분이 암을 예방하고 소화 기능을 도와줍니다. 베타카로틴, 클로로필 등의 성분이 들어 있어 유해 활성 산소를 해독하고 노화를 방지합니다. 또한 부추는 단백질, 지방, 칼슘, 철분, 인, 비타민 등 다양한 영양을 가지고 있습니다.

고추장에 쓱쓱 비벼먹어요!

무채나물

무채나물은 무쳐서 바로 먹어야 맛있어요. 시간이 지나면 물기가 생기고 맛이 금방 들기 때문이에요. 입맛이 없는 초가을에는 무채나물에 고추장과 참기름을 넣고 비벼먹으면 그만이죠.

만드는 시간 15분

4인분

난이도

칼로리 110 Kcal

이렇게 필요해요

대표재료 무(1/3개=300g), 다진실파(1큰술)

무침양념 고춧가루(1큰술), 설탕(1작은술), 볶은소금(1작은술), 다진마늘(1작은술), 통깨(1작은술)

1 무는 결대로 가늘게 채 썰어 주세요.

2 먼저 고춧가루를 넣어 빨갛게 색을 입히세요.

3 설탕과 볶은소금, 다진마늘을 넣고 간을 한 다음, 통깨와 다진 실파를 넣어 가볍게 무쳐줍니다.

친절한 비법전수

비타민C는 줄기 쪽 연둣빛이 짙은 윗 부분과 껍질 쪽에 많이 들어있어요. 윗부분은 매운맛이 덜하고 단단해서 생채로 무쳐먹기가 좋아요.

이 재료의 효능은?

무는 천연 소화제라고 불릴 만큼 여러 가지 소화 효소가 들어 있어 소화에 도움을 주는 식품입니다. 무에 많이 들어 있는 식이섬유소가 당의 흡수를 늦추기 때문에 당뇨병 예방에 좋으며, 장을 튼튼하게 만듭니다. 또한 칼로리가 낮아 다이어트에 좋은 식품입니다. 민간에서는 목의 통증, 기침에 효과가 있다고 합니다.

너무 흔해서 지나치기 쉬운

비름나물된장무침

비름은 들이나 길가에 흔하게 자라는 풀로만 알고 있을 텐데요. 비름의 효능을 안다면 무심코 지나칠 수 없을 거예요. 요즘은 시장에서도 살 수가 있으니 고소하게 양념을 넣고 조물조물 무쳐보세요.

만드는 시간 15분

6인분

난이도

칼로리 55 Kcal

이렇게 필요해요

대표재료 다듬은 비름나물(3줌=130g), 천일염

무침양념 된장(1큰술), 고춧가루(1/2큰술), 들기름(1큰술), 다진마늘(1작은술), 다진파(1큰술), 깨소금(1작은술)

1 억센 줄기는 잘라내고 연한 줄기와 잎을 깨끗이 다듬어서 씻어주세요.

2 끓는 물에 천일염을 넣어 2분 30초 정도 데쳐주세요.

너무 꽉 짜면 물기가 없어져 질겨져요.

3 비름나물은 찬물에 헹궈 부드럽게 짠 다음, 넓은 그릇에 무침양념을 넣고 골고루 무쳐주세요.

이 재료의 효능은?

비름은 칼슘과 비타민이 풍부하고, 해열과 해독, 종기를 아물게 하는 효능이 있으며, 피부병, 눈병에 좋습니다. 또한 혈압 상승 작용, 지혈 작용, 자궁 수축 작용을 하며, 설사를 멈추게 하고 염증을 치료하며, 대장염의 예방과 치료에 효능이 있습니다.

몸 속의 독소를 빼주는

숙주나물

숙주는 녹두에서 싹이 자란 나물로 쉽게 상하는 성질이 있어요.
하지만 숙주는 독을 빼주고 숙취에도 좋으니 그때그때 알맞게 무쳐서 드세요.

만드는 시간 15분

4인분

난이도

칼로리 35 Kcal

이렇게 필요해요

대표재료 숙주(4줌=300g), 천일염
밑간양념 볶은소금(1/3큰술)
무침양념 참기름(1작은술), 깨소금(1큰술), 다진파(1큰술), 다진마늘(1/3큰술)

1 숙주는 물에 깨끗이 씻어서 끓는 물에 천일염을 조금 넣고 3분간 삶아주세요.

2 찬물에 헹구지 말고 뜨거운 채로 체에 담아서 한 김 식힌 다음, 볶은소금 넣어 밑간을 해서 5분간 두세요.

3 밑간으로 생긴 물기는 손으로 가볍게 짜고, 무침양념을 올려 깔끔하게 무쳐줍니다.

친절한 비법전수

숙주나물은 한번 삶은 후에 소금으로 밑간을 해두면 간이 잘 배면서 물기가 덜 생겨요.

이 재료의 효능은?

녹두는 옛날부터 독을 푸는 식품으로 의학서적에 기록되어 왔습니다. 이 녹두를 기른 것이 숙주나물입니다. 녹두에서 숙주나물로 되면서 비타민 성분이 많이 생기고, 아스파라긴산이 풍부해서 숙취 해소에 좋습니다. 숙주나물은 카드뮴과 같은 중금속을 해독하고 여러 가지 독성을 없애는 효능이 있습니다.

뽀빠이처럼 튼튼하게

시금치무침

시금치가 풀 같다고 싫어하는 아이들이 많은데요. 시금치에는 몸을 건강하게 하고 뼈를 튼튼하게 만드는 영양소가 많아서 성장하는 어린이에게 꼭 필요한 음식이에요.
뿌리부분이 짙은 붉은색일수록 싱싱한 거예요.

만드는 시간 15분

4인분

난이도

칼로리 60 Kcal

이렇게 필요해요

대표재료 시금치(1단=300g), 천일염

무침양념 국간장(1큰술), 볶은소금(1/2작은술), 다진파(1큰술), 다진마늘(1/2큰술), 깨소금(1작은술), 참기름(1작은술)

1 시금치는 시든 잎을 떼어내어 끓는 물에 천일염을 조금 넣고, 뚜껑을 열어 살짝만 데치세요.

2 바로 찬물에 담가 열기를 식히고, 물기를 가볍게 짜주세요.

3 넓은 그릇에 시금치를 담고, 무침양념을 넣어 간이 배도록 골고루 무쳐줍니다.

친절한 비법전수

시금치는 살짝만 삶아야 무침을 했을 때 식감을 살릴 수 있어요.

이 재료의 효능은?

시금치는 암을 예방하는데 특히 폐암 예방에 효과가 있으며, 혈액을 깨끗하게 하여 동맥경화 예방에 좋습니다. 또 철분과 엽산이 많아 빈혈에 좋고, 산모와 태아에게 반드시 필요한 아주 좋은 채소입니다.

노란 유채꽃만큼이나 향긋한

유채나물무침

유채나물은 꽃이 피기 전인 3~4월에 먹어야 맛있어요.
쌉싸름하면서도 달콤한 맛이 나서 무침으로 먹기 좋아요.
유채는 노란 꽃이 눈을 즐겁게 하고, 열매도 유채기름으로 짜서 먹는 고마운 식물이에요.

만드는 시간 15분

3인분

난이도

칼로리 55 Kcal

이런게 필요해요

대표재료 유채(2줌), 다진실파(1큰술), 천일염

무침양념 국간장(1작은술), 참기름(2작은술), 깨소금(1작은술), 다진마늘(1/2작은술), 볶은소금(조금)

1 유채는 다듬어서 끓는 물에 천일염을 조금 넣고 파랗게 데쳐주세요.

2 찬물에 헹구어 물기를 짠 다음 먹기 좋게 잘라주세요.

3 넓은 그릇에 유채나물을 넣고, 무침양념을 올려 골고루 무쳐주세요.

이재료의 효능은?

유채는 비타민A와 비타민C, 식이섬유소, 지질이 풍부한 영양가 높은 채소입니다. 춘곤증을 예방하고 종기를 치료하는 효능이 있습니다. 또한 염증을 치료하고, 산후에 피가 뭉치거나 홍반이 생기는 것을 치료해 줍니다.

연하고 고소한 토종배추

조선배추무침

조선배추는 우리 토종배추로 속이 꽉 차지 않고, 잎이 길쭉하게 자라요.
서울배추나 개성배추로도 불리지요. 배추가 연하고 아삭거려서 겉절이로 바로 무쳐먹어도 맛있지만 살짝 데쳐 무쳐서 먹으면 더 부드럽고 고소한 맛을 느낄 수 있어요.

만드는 시간 15분
3인분
난이도
칼로리 86Kcal

이렇게 필요해요

대표재료 조선배추(2줌=400g), 천일염
간장양념 국간장(2작은술), 다진마늘(1작은술), 참기름(2작은술), 깨소금(1작은술), 볶은소금(조금)
고추장양념 고추장(2작은술), 국간장(1작은술), 다진마늘(1작은술), 참기름(2작은술), 깨소금(1작은술)

1 조선배추는 다듬어서 물에 깨끗하게 씻어주세요.

2 끓는 물에 천일염을 조금 넣고, 배추의 줄기부분부터 담가 살짝만 데쳐서 찬물에 바로 헹구어주세요.

3 배추의 물기를 짠 다음 1줌씩 둘로 나누어서, 간장양념과 고추장양념으로 각각 무쳐주세요.

친절한 비법전수

조선배추는 잎이 연하니 살짝만 데치고, 삶은 다음 물기를 꼭 짜지 않으면 양념을 한 후에 물이 생겨 싱겁게 돼요.

이 재료의 효능은?

배추에 많이 들어 있는 인돌과 이소시오시아네이트 성분은 여러 가지 암을 예방하는 효능을 가지고 있습니다. 특히 간암 예방에 아주 좋습니다. 배추를 김치로 담그면 그 항암 효과는 더 커집니다. 배추에 풍부한 비타민C는 인체의 저항력을 높여 감기 예방과 피부 미용에 좋으며, 칼륨은 몸 안의 나트륨을 밖으로 배출하는 역할을 합니다.

향긋한 향이 일품인

취나물무침

취나물의 향긋한 맛은 어떤 조미료도 따라올 수 없지요. 또한 혈액을 맑게 하고, 콜레스테롤을 배출하는 건강 식품이에요. 취나물무침으로 입 안 가득 자연의 향기를 느껴보세요.

만드는 시간 25분

4인분

난이도

칼로리 57Kcal

이렇게 필요해요

대표재료 다듬은 취나물(2줌=100g), 천일염 **무침양념** 국간장(1큰술), 다진파(1큰술), 다진마늘(1/2큰술), 참기름(2작은술=들기름), 깨소금(1작은술)

1 억센 줄기는 잘라내고 다듬어서 흐르는 물에 씻어 주세요.

2 끓는 물에 취나물을 넣고 천일염도 조금 넣어요. 물이 다시 끓어오를 때까지 데치다가 찬물에 바로 담가 열기를 식혀주세요.

참기름 대신 들기름을 넣어도 돼요.

3 나물의 물기를 꼭 짜서 넓은 그릇에 담고, 무침양념을 올려 향긋하게 무쳐주세요.

이 재료의 효능은?

취나물은 몸 밖으로 지방을 배출하고 혈액을 맑게 해줍니다. 취나물의 식이섬유소는 지방과 콜레스테롤을 대변으로 내보내고, 폴리페놀류는 콜레스테롤이 장에서 흡수되는 것을 막아줍니다.

무침의 기본이죠!

콩나물무침

콩나물만 맛있게 무쳐도 다른 반찬이 필요 없죠~ 맛있게 삶는 비법을 알면 하나도 어려울 것이 없어요. 그러면 지금부터 만들기 쉽고 맛도 좋은 콩나물무침을 만들어 봐요.

만드는 시간 10분

2인분

난이도

칼로리 60Kcal

이렇게 필요해요

대표재료 콩나물(2줌=200g), 천일염(조금)

무침양념 고춧가루(1큰술), 국간장(1작은술), 다진마늘(1/2작은술), 참기름(1작은술), 깨소금(1작은술), 볶은소금(1/2작은술), 설탕(1/2작은술), 다진파(1큰술)

1 콩나물에 자작하게 물을 붓고, 천일염도 넣어요. 뚜껑을 덮고 6분간 삶아주세요.

2 콩나물이 익으면 그대로 체에 받쳐 한 김 식혀주세요.

3 식힌 콩나물에 무침양념을 올리고 골고루 고소하게 무쳐주세요.

친절한 비법전수

콩나물을 맛있게 삶으려면 냄비에 자작할 정도로만 물을 붓고, 콩나물 익는 냄새가 날 때까지 뚜껑을 열지 않는 거예요. 중간에 뚜껑을 열면 비린내가 나고, 콩나물보다 물이 많으면 콩나물 고유의 맛이 빠져나가요.

이재료의 효능은?

콩나물에는 비타민C가 많이 들어 있어서 감기 예방에 좋으며, 아스파라긴산이 들어 있어서 숙취 해소에 아주 좋습니다. 해장국에 콩나물을 많이 넣는 이유도 이 때문입니다.

강한 생명력만큼 맛도 좋은

고사리나물

일본의 원자폭탄이 터지고 난 다음 가장 먼저 나온 식물이 고사리라고 합니다.
고사리에 간이 배게 양념을 해주고 뜨겁게 한 번 볶아주면 고사리 본연의 향이 잘 살아나요.
특히 국산고사리를 써야 깊은 맛이 나고 맛있어요.

만드는 시간 15분

2인분

난이도

칼로리 59Kcal

이렇게 필요해요

대표재료 불린고사리(2줌), 식용유
무침양념 국간장(1큰술), 들기름(1큰술), 깨소금(1큰술), 다진마늘(1/2큰술), 다진파(1큰술)
마무리 물(2큰술), 소금(조금)

1 말린 고사리는 통통하게 불린 다음 물기를 짜서 2등분으로 자르세요.

2 고사리에 무침양념을 한데 넣고 양념이 배도록 골고루 무쳐주세요.

친절한 비법전수

말린 고사리는 따뜻한 물에 담가서 반나절(6시간) 동안 불리세요. 약한불에서 30분 정도 삶은 후에 물을 따라내지 말고, 그대로 1시간 정도 두세요. 그리고 찬물로 2번 헹구어 주세요. 나물을 삶은 물에 우려내면 아린 맛이 없어지고, 더 부드러워져요.

볶은 고사리는 김이 나가도록 펼쳐놓고 식혀야 물컹거리지 않아요.

3 달군 팬에 식용유를 두르고 고사리를 넣고 볶다가 물 2큰술을 둘러 촉촉하게 합니다. 간이 부족하면 소금을 조금만 넣어주세요.

이재료의 효능은?

고사리는 외부에서 들어온 병균을 효과적으로 파괴하는 산성 다당류 성분이 들어있어 질병을 예방하고 면역력을 키우는 효능이 있습니다. 단백질과 칼슘, 칼륨 등 무기질도 많이 들어 있어 성장기 어린이들에게 좋으며, 여러 가지 염증과 종기, 설사, 습진 등을 치료하는 효능이 있습니다.

시골밥상에서 빠질 수 없는

시래기나물무침

푹 삶아 부드러워진 시래기에 고소한 양념까지 더해서 먹으면 마음이 편해져요.
마치 고즈넉한 시골에서 풀벌레 소리 들으면서 먹는 저녁의 맛이라고나 할까요?

만드는 시간 20분

4인분

난이도

칼로리 75Kcal

이런게 필요해요

대표재료 무청시래기(2줌=300g), 물(1/3컵), 통깨(1큰술), 볶은소금(조금)

무침양념 국간장(2큰술), 들기름(2큰술), 다진마늘(1/2큰술), 다진파(1큰술)

1 시래기는 끓는 물에 살짝 데쳐서 찬물에 헹구어 물기를 꼭 짜주세요.

2 시래기는 먹기 좋게 잘라주고, 무침양념을 넣고 간이 배도록 무쳐주세요.

3 가열한 팬에 시래기를 넣고 가볍게 볶다가, 물 1/3컵을 가장자리에 둘러요. 약한불로 줄여서 뚜껑을 덮고 은근하게 익히세요.

4 물기가 거의 없어져 자글거리면 통깨를 뿌리고, 간이 심심하면 소금을 조금 넣어주세요.

친절한 비법전수

말린 시래기를 부드러운 나물로 먹으려면 2시간 동안 삶아서 냄비에 담긴 그대로 물이 식을 때까지 기다렸다가, 찬물에 헹구고 줄기의 질긴 껍질을 까서 부드럽게 한 다음 한 번 더 찬물에 헹궈 주세요.

이재료의 효능은?

시래기는 무청이나 배추를 햇볕에 말렸다가 국이나 나물로 무쳐서 먹는 것입니다. 철분과 비타민이 풍부하며, 특히 대장의 연동을 도와주는 식이섬유소가 많아 변비에 효능이 있습니다.

꼬들꼬들한 영양나물

호박고지나물

햇빛에 바싹 말린 호박고지는 영양가가 높아 겨울에 나물로 해서 먹으면 좋아요. 꼬들꼬들하게 식감이 살아있고, 씹을수록 진한 맛이 나는 나물반찬이에요.

만드는 시간 20분

6인분

난이도

칼로리 112Kcal

이렇게 필요해요

대표재료 호박고지(2줌=70g), 양파(1/4개), 다진파(1큰술), 다진마늘(1/2큰술), 식용유(2큰술) **간장양념** 다시마 우린 물(1/2컵), 국간장(1큰술), 설탕(1/2작은술) **마무리양념** 볶은소금(조금), 들기름(1큰술), 깨소금(1큰술)

1 호박고지는 미지근한 물에 10분 정도 불리고, 부드러워지면 건져서 물기를 가볍게 짜서 촉촉하게 두세요.

2 가열한 팬에 식용유를 두르고 채 썬 양파와 다진마늘, 다진파를 넣고 볶아 향을 낸 다음 호박고지를 넣어 볶아주세요.

다시마 우린 물 대신 물을 넣어도 돼요.

3 호박이 윤기가 있게 볶아지면 다시마 우린 물을 붓고, 국간장과 설탕을 넣어요. 약한불에서 뚜껑을 덮고 2분 정도 익히세요.

4 호박고지가 익으면 소금으로 부족한 간을 하고, 불을 끄고 뜨거운 김이 나가면 들기름과 깨소금을 넣어 고소하게 버무려주세요.

친절한 비법전수

호박고지를 물에 오래 불리면 탱글탱글한 식감이 사라지고, 간을 할 때도 나물의 수분이 소금기를 다 흡수해버려 간을 맞추기가 쉽지 않으니 10분 정도만 불려주세요.

이 재료의 효능은?

호박고지는 호박을 햇볕에 말린 것으로 호박의 좋은 영양 성분이 농축되어 있습니다. 호박고지에는 비타민D가 많이 들어 있어 혈액 내의 칼슘의 농도를 균형 있게 맞추고, 골다공증을 예방하는 효능을 가지고 있습니다.

굽지만 말고 양념에 무쳐요!

김양념무침

금방 눅어버리는 김을 다시 빛나게 하는 반찬이에요. 만들어 두고 밥에 비벼서 먹어도 맛있어요. 김은 12월~3월까지 채취한 것이 빛깔이 검고 윤이 나며, 고소한 맛이 많이 나는 최상품이에요.

친절한 비법전수

김을 오랫동안 바삭하게 먹으려면 지퍼팩에 넣고 냉동실에서 보관합니다. 먹을 때 전자레인지에 10~20초간 돌려주세요.

만드는 시간 10분

4인분

난이도

칼로리 46Kcal

이렇게 필요해요

대표재료 김(5장), 고추(1개), 다진파(1큰술), 통깨(조금) **밑간양념** 참기름(1큰술)
무침양념 진간장(1+1/2큰술), 설탕(1/2큰술), 다진마늘(1/3작은술)

1 달군 팬에 김을 올려 타지 않도록 약한불로 앞, 뒤로 구운 다음 가위로 잘라주세요.

2 구운 김을 비닐 팩에 넣어 손으로 잘게 부셔주고, 고추와 파는 잘게 다지세요.

미리 참기름으로 밑간을 해두면 부드러워져서 무침양념이 잘 무쳐져요.

3 참기름 1큰술을 부순 김에 넣어 미리 무쳐놓고, 무침양념을 만들어 두세요.

4 부순 김에 다진 고추와 파, 무침양념을 넣어 골고루 무친 다음 통깨를 뿌립니다.

이재료의 효능은?

김에는 베타카로틴 성분이 풍부하여 눈을 보호하고 건강하게 해주며, 포르피오신 성분은 궤양을 예방합니다. 또한 김에는 타우린 성분이 있어 콜레스테롤을 감소시키고, 동맥경화와 고혈압 예방에도 효능이 있습니다.

단백질이 많아 간에 좋은

북어포무침

포실포실한 북어포에 매콤하게 양념을 해서 무치면 입맛을 되돌리는 인기 밥반찬이 됩니다.
지금부터 씹을수록 고소한 맛이 일품인 북어포무침을 함께 만들어 봐요.

만드는 시간 15분

3인분

난이도

칼로리 98Kcal

이런게 필요해요

대표재료 북어포(1줌=40g), 청주(1큰술), 다진파(1큰술) **무침양념** 고추장(1큰술), 고춧가루(1작은술), 진간장(1작은술), 맛술(1큰술), 매실액(1큰술), 물엿(1작은술), 다진마늘(1작은술), 생강가루(1/2작은술), 참기름(1작은술), 통깨(1작은술)

1 북어포는 흐르는 물에 가볍게 헹구어 물기를 머금게 하고, 청주1큰술을 골고루 뿌려주세요.

2 무침양념장을 만들어두세요.

3 북어포에 무침양념과 다진파를 넣고 간이 배도록 골고루 무쳐줍니다.

친절한 비법전수

북어를 물에 오래 담가두면 살이 풀어지니 흐르는 물에 살짝만 씻고, 보이는 가시는 손으로 떼어내서 먹을 때 다치지 않게 하세요.

이 재료의 효능은?

명태를 말려 북어로 만들면 단백질과 아미노산의 함량이 더욱 높아집니다. 북어는 다른 식품에 비해서 단백질 함량이 높아 간에 좋으며, 북어의 다양한 아미노산은 숙취 해소에 아주 좋은 효능을 가지고 있습니다.

바다 내음 가득 담은

파래무침

입맛을 살려주는 새콤달콤한 파래무침이에요.
바다 내음이 은은하게 살아있는 파래를 아삭거리는 무와 같이 먹으면 시원한 맛이 더해져요.

만드는 시간 30분

4인분

난이도

칼로리 50Kcal

이렇게 필요해요

대표재료 물파래(2덩이=90g), 무(1줌=100g), 천일염(1큰술), 물(2큰술)

무절임 식초(1큰술), 설탕(1작은술), 볶은소금(1/2작은술)

무침양념 식초(2큰술), 설탕(1큰술), 소금(1/2작은술), 통깨(1작은술), 다진마늘(1작은술), 다진파(1큰술)

1 파래는 천일염 1큰술과 물 2큰술 넣고 주물러서 찬물에 2번 헹구어 물기를 가볍게 짜주세요.

2 무는 가늘게 채 썰어서 무절임양념을 넣고 10분간 절이고, 물기가 생기면 가볍게 짜주세요.

3 먹기 좋게 자른 파래와 무채를 넣고 무침양념을 올려서 상큼하게 무치고, 냉장고에 넣어 시원하게 해서 드세요.

친절한 비법전수

파래의 물기를 너무 꽉 짜면 파래끼리 뭉쳐서 잘 버무려지지 않고, 촉촉한 맛이 없어져요.

이재료의 효능은?

파래에는 철분이 많이 들어 있어 빈혈을 예방하는데 좋으며, 철분 흡수를 도와주는 비타민A와 비타민C도 많이 들어 있습니다. 칼로리도 낮아 다이어트에도 효과가 있습니다.

바다의 영양을 한 접시에 담은

바지락무침

담백하고 쫀득한 바지락을 맘껏 먹을 수 있게 무침을 해봤어요.
보통 바지락은 칼국수에 많이 넣어 먹지만,
향긋한 미나리와 아삭거리는 야채와 같이 무쳐 매콤새콤달콤하게 맛보세요.

만드는 시간 20분

4인분

난이도

칼로리 112Kcal

이런게 필요해요

대표재료 바지락(2줌=400g), 양파(1/4개), 오이(1/2개), 당근(1/5개), 양배추채(1줌), 미나리(1줌), 깻잎(3장), 청주(1큰술) **무침양념** 고추장(2큰술), 고춧가루(1큰술), 식초(2큰술), 설탕(1큰술), 물엿(1큰술), 사이다(1큰술), 참기름(1작은술), 다진마늘(1작은술), 통깨(1작은술), 생강가루(1/4작은술)

1 바지락은 해감을 한 뒤, 끓는 물에 넣고 청주1큰술을 떨어뜨려 조개 껍데기가 벌어질 때까지 삶아주세요.

2 삶은 바지락은 찬물에 헹구어 남아 있는 불순물을 없애고, 살만 발라서 물기를 빼주세요.

3 양배추와 당근, 양파, 깻잎은 가늘게 채 썰고, 오이는 반으로 갈라 어슷하게 썰고, 미나리는 줄기부분을 4cm로 썰어주세요.

4 무침양념을 만듭니다. 넓은 그릇에 바지락과 채소를 넣고 양념을 올린 다음 가볍게 버무려줍니다.

친절한 비법전수

바지락을 해감 할 때는 연한 소금물의 농도로 맞추고, 신문지로 덮어 어둡게 한 다음 2~4시간 정도 두면 돼요.

이 재료의 효능은?

바지락에는 베타인이 많이 들어 있어 간에 지방이 쌓이는 것을 막아주고, 메티오닌은 간의 기능을 좋게 만들고, 타우린은 알코올을 분해하여 간을 해독시킵니다. 따라서 지방간 예방에 좋으며, 저지방, 저칼로리 식품으로 다이어트에도 좋습니다.

다슬기무침

찬 성질의 다슬기에 따뜻한 성질의 부추와 쪽파를 넣어 궁합이 잘 맞고, 설탕 대신 배와 꿀을 넣어 건강한 단맛을 낸 다슬기무침이에요. 매콤 달콤해서 술안주로도 좋아요. 다슬기는 5~6월이 제철이에요.

만드는 시간 20분

4인분

난이도

칼로리 109Kcal

이렇게 필요해요

대표재료 다슬기 삶은 것(1컵), 배(1/2개), 쪽파(1/2줌), 실부추(1/2줌), 통깨, 잣

무침양념 고추장(1+1/2큰술), 고춧가루(2작은술), 꿀(1/2큰술), 다진마늘(1/2큰술)

1 시판 다슬기살은 끓는 물에 살짝 데친 다음 물기를 빼주세요.

2 배는 껍질을 깎아서 곱게 채 썰고, 쪽파와 실부추는 4cm 길이로 썰어주세요.

3 넓은 그릇에 다슬기와 배, 쪽파, 실부추를 넣고, 무침양념을 올려서 골고루 무칩니다. 마지막으로 통깨, 잣을 올려 장식합니다.

친절한 비법전수

다슬기를 깨끗하게 손질해서 삶는 요령은 다슬기에 천일염을 조금 넣어 박박 치대면서 껍질에 붙은 이물질을 제거한 다음, 깨끗한 물에 담가두세요. 다슬기가 머리를 내밀면 팔팔 끓는 물에 된장을 조금 넣고 삶으세요. 된장은 비린내를 없애줘요.

이 재료의 효능은?

다슬기는 아미노산이 많아 숙취를 해소하고 간의 기능을 좋게 하며, 지방간과 황달에 좋습니다. 눈의 피로를 막고 시력보호에 도움을 주며, 마그네슘이 풍부하여 신장의 기능을 좋게 하고, 담낭결석 예방에도 효능이 있습니다. 철분이 많아 빈혈에 좋으며, 칼슘이 풍부하여 골다공증을 예방합니다.

매콤하지만 자꾸 먹게 되는

골뱅이소면무침

쫀득한 골뱅이도 먹고, 매콤하게 소면도 비벼 먹을 수 있는 골뱅이무침이에요.
다이어트 중이라는 친구도 골뱅이소면을 먹을 때 만큼은 어쩔 수 없다고 하네요~

친절한 비법전수

소면이 끓어오를 때마다 물 1/2컵씩 2번 부으면서 끓이세요. 국수 가장자리가 투명해지면 불을 끄고, 찬물에 바로 담가 손으로 몇 번 비벼서 미끈거리는 녹말기를 없애주고, 타래를 지어서 채반에 두세요.

만드는 시간 30분

4인분

난이도

칼로리 340Kcal

이런게 필요해요

대표재료 골뱅이(1캔=400g), 오이(1/2개), 당근(1/4개), 소면(1줌), 채썬 양배추(1줌), 대파(1/2대) **무침양념** 고추장(2큰술), 고춧가루(3큰술), 진간장(1+1/2큰술), 식초(3큰술), 설탕(1/2큰술), 맛술(1큰술), 물엿(1큰술), 매실액(2큰술), 참기름(1큰술), 다진마늘(1큰술), 통깨(1큰술)

오징어채를 넣을 경우 이 국물에 담가서 무치면 부드러워져요.

1 통조림 골뱅이의 국물은 따로 받아두고, 물기를 뺀 다음 먹기 좋게 썰어주세요.

2 오이는 반달 썰고, 당근과 양배추는 채 썰고, 대파도 길게 쭉쭉 갈라주세요.

처음 끓어오를 때 소금이나 식용유를 조금 떨어뜨리면 더 쫄깃해져요.

3 끓는 물에 소면을 넣고 끓어오를 때마다 2차례 찬물을 붓고 4분간 삶아요. 찬물에 바로 헹구고 체에 담아 물기를 빼세요.

4 넓은 그릇에 골뱅이와 채소, 무침양념장을 함께 넣어 골고루 무친 다음, 소면과 같이 그릇에 담아냅니다.

이 재료의 효능은?

골뱅이는 고단백, 저지방의 스태미나 식품으로 골뱅이의 단백질은 히스친 점액이 들어 있어 피부의 노화를 막아주고 피부 미용에 좋습니다. 또한 타우린도 풍부하여 망막 형성과 시력 회복에도 도움을 줍니다.

Have Some more meal!
just eat

PART 2. 조림반찬

조림은 생선, 고기, 채소, 달걀, 두부 등 다양한 음식 재료에 양념이 골고루 배게해서 오랫동안 약한 불로 은근하게 끓여 만든 반찬입니다. 조림은 처음에는 센불에서 시작하지만 끓기 시작하면 불을 줄이고 중간 중간 수저로 저어주면서 음식이 타지 않도록 하는 것이 중요합니다. 또한 먹음직스럽게 윤기 나는 조림을 하려면 국물이 바짝 졸아서 바글거릴 때 물엿을 조금 넣어 주면 됩니다. 대부분의 조림 반찬은 만들어서 냉장 보관하면 두고두고 먹을 수 있어요. 여러분들도 시간 날 때마다 미리 미리 만들어서 반찬 걱정을 줄여 보세요.

장조림의 대명사

쇠고기장조림

장조림의 대표주자 쇠고기장조림은 오랜 시간과 정성이 들어가야 하는 반찬이에요.
짭조롬하면서도 진한 담백함이 느껴지는 반찬이지요.
작게 찢어 조림국물과 같이 냉장고에 보관한 다음, 먹을 때 따뜻하게 데워 드세요.

만드는 시간 70분

4인분

난이도

칼로리 124 Kcal

이렇게 필요해요

대표재료 쇠고기사태(250g=홍두깨살), 마늘(8쪽)

고기삶는재료 물(4컵), 청주(2큰술), 대파(1/2대), 마른고추(1개), 생강(1톨), 월계수잎(1장), 통후추(10알)

조림양념 진간장(5큰술), 설탕(4작은술), 청주(2큰술), 국간장(1작은술)

친절한 비법전수

장조림을 할 때 처음부터 간장양념에 졸이면 질겨져요. 그러니, 향신재료를 넣고 푹 삶아 잡내를 없애준 다음, 간장양념을 넣어야 고기가 질기지 않고 맛있어요.

1 쇠고기는 찬 물에 담가 핏물을 빼세요.

2 냄비에 고기 삶는 재료를 한데 넣고 한소끔 끓어오르면 쇠고기를 넣고, 센불에서 끓기 시작하면 약한불로 줄여서 국물이 반으로 줄어들 때까지 30분 정도 푹 삶아주세요.

3 고기가 다 익었으면 대파, 마른고추, 생강, 월계수잎, 통후추를 건져내세요.

4 조림양념을 넣어서 센불에서 끓기 시작하면 약한 불로 줄여 30분 정도 더 졸이세요.

5 국물이 반으로 졸아들면 마늘을 넣고, 마늘이 반 정도 익을 때까지 한소끔 더 끓입니다.

이재료의 효능은?

양질의 단백질이 풍부한 쇠고기는 성장기 어린이의 발육, 환자나 노인의 보양식, 허약 체질의 개선에 아주 훌륭한 식품입니다. 쇠고기의 붉은살에는 철과 아연이 풍부하여 빈혈 예방과 당뇨병 예방에 좋습니다. 단 쇠고기의 지질은 포화 지방산으로 혈중 콜레스테롤을 높일 수 있기 때문에 너무 많이 먹지 말아야 합니다.

오래오래 두고 먹는 저렴이 단백질

돼지고기장조림

쇠고기장조림에 뒤지지 않는, 쫄깃하면서 부드러운 돼지고기장조림을 만들어 보았어요. 향신재료를 넣고 푹 삶아 누린내를 잡아주니 담백함이 그만이네요.

만드는 시간 70분

4인분

난이도

칼로리 95 Kcal

이렇게 필요해요

대표재료 돼지고기안심(260g), 마늘(8쪽)

고기삶는재료 물(4컵), 청주(2큰술), 대파(1/2대), 마른고추(1개), 생강(1톨), 월계수잎(1장), 통후추(10알), 사과(1/4개)

조림양념 진간장(5큰술), 설탕(4작은술), 국간장(1작은술), 청주(2큰술)

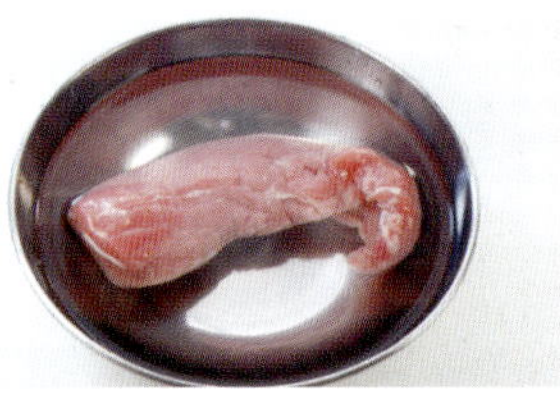

1 돼지고기는 찬 물에 담가 핏물을 빼세요.

2 냄비에 고기 삶는 재료를 담고, 한소끔 끓어오르면 돼지고기를 넣어 센불에서 끓이다가 약한불로 줄여서 30분간 푹 삶아요.

고기가 다 익은 후에 조림양념을 넣어야 질기지 않고 간이 잘 배요.

3 고기가 다 익었으면 재료는 건져 냅니다. 조림양념을 넣은 후 센 불에서 끓기 시작하면 약한불로 줄여서 30분 정도 졸이세요.

4 다시 국물이 반으로 졸아들면 마늘을 넣고 한소끔 더 끓입니다.

친절한 비법전수

돼지고기는 사과와 궁합이 잘 맞아요. 고기를 삶을 때 사과를 넣어주면 육질을 부드럽게 해주고, 누린내를 없애며 향을 좋게 해줘요.

이 재료의 효능은?

돼지고기의 불포화 지방산은 폐에 쌓인 미세 먼지와 독성 물질을 해독합니다. 돼지고기는 다른 고기에 비해서 비타민B군이 많이 들어 있어 피부에 탄력을 주고, 근육과 신경의 피로를 회복시켜 줍니다. 또한 철, 칼륨, 인 등이 풍부하여 성장기의 어린이와 수험생에게 좋은 영양 식품입니다.

밭에서 나는 고기

콩자반

아무리 먹음직스럽게 보이는 콩자반도 딱딱하면 그림의 떡이 되고 말지요. 말랑말랑한 콩자반을 만들려면 우선 콩을 충분히 통통 불린 다음, 한 번 삶아서 익히세요. 이젠 딱딱한 콩자반을 더 이상 먹지 마세요.

만드는 시간 40분

1인분

난이도

칼로리 163 Kcal

이렇게 필요해요

대표재료 검은콩(1컵), 물(3컵)

조림양념 진간장(4큰술), 맛술(1큰술)

마무리양념 물엿(1큰술), 설탕(1큰술), 통깨(1작은술)

1 콩을 깨끗이 씻은 다음, 물(3컵)을 붓고, 그릇에 먼지가 들어가지 않도록 뚜껑을 덮어 6시간 정도 상온에서 불리세요.

2 불린 콩과 물을 냄비에 그대로 붓고 중간불에서 뚜껑을 반만 덮어, 구수하게 콩 익는 냄새가 날 때까지 15분간 끓인 후 불을 끄세요.

3 진간장과 맛술을 넣고 약한 불에서 뚜껑을 열고, 냄비 바닥에 국물이 거의 없어질 때까지 조리세요.

4 마무리로 설탕과 물엿을 넣고 섞어 윤기나게 한 다음, 불을 끄고 통깨를 뿌려줍니다.

친절한 비법전수

설탕, 물엿은 조리고 나서 맨 나중에 넣어야 콩이 딱딱해지지 않고 윤기가 나요.

이재료의 효능은?

콩에는 여성 호르몬인 이소플라본을 함유하고 있어서 유방암을 예방합니다. 특히 검은콩은 일반 콩보다 이소플라본의 함량과 흡수율이 높다고 합니다. 그리고 콩에는 단백질과 지방 등의 영양분이 풍부하며, 성인병 예방과 노화 방지에도 좋습니다.

언제나 완소 반찬

감자조림

감자를 두툼하게 썰어서 짭쪼롬하면서 달달하게 조린 감자조림이에요.
쉽게 만들 수 있지만, 그 이상의 맛을 내는 완전 소중한 반찬이죠.

만드는 시간 30분

4인분

난이도

칼로리 44 Kcal

이렇게 필요해요

대표재료 감자(2개=400g), 청고추(1/2개), 홍고추(1/2개), 식용유, 통깨(1작은술), 참기름(1작은술), 물(1컵)

조림양념 진간장(2큰술), 맛술(1큰술), 설탕(1작은술), 생강가루(조금)

1 감자는 1.5cm로 깍뚝 썰어 찬물에 10분 정도 담가 녹말기를 빼고, 체에 건져 물기를 빼요. 고추는 씨를 없앤 다음 어슷썰어주세요.

2 달군 냄비에 식용유를 두르고, 약한 불에서 5분간 볶으세요.

조리는 동안 감자의 겉 수분이 증발해서 간이 제대로 스며들지 못하니 뚜껑을 덮고 조리세요.

3 감자가 반 정도 잠기게 물(1컵)을 붓고, 조림양념을 만들어서 넣어 뚜껑을 덮고, 약한 불에서 조리세요.

4 감자가 익으면 고추를 넣어 섞은 다음, 바닥에 국물이 자작거릴 때 불을 끄고 참기름과 통깨를 넣어서 마무리합니다.

친절한 비법전수

보기 좋게 깔끔한 감자조림을 만들려면, 감자를 찬물에 담가서 녹말기를 미리 빼줘야 해요. 그렇지 않으면 볶을 때 팬에 눌러 붙어 모양이 예쁘지 않게 나와요.

이재료의 효능은?

감자는 소화가 잘 되고 위장을 보호하는 효능을 가지고 있습니다. 그리고 식이섬유소가 풍부하고 대장의 운동을 자극하여 변비에 좋으며, 몸 안에 남에 있는 염분을 밖으로 배출시키는 효능을 가지고 있습니다. 또한 감자는 다양한 영양 성분이 풍부하면서도 칼로리가 낮아 다이어트 식품으로도 훌륭합니다.

한 입에 쏙쏙 들어가는

알감자조림

한 입에 쏙 들어가는 알감자를 껍질째 간장과 물엿을 넣고 은근하게 조렸어요.
양념이 적당이 밴 껍질은 짭쪼롬하면서 쫄깃하고, 속은 부드러운 감자조림이에요.

만드는 시간 30분

4인분

난이도

칼로리 97 Kcal

이렇게 필요해요

대표재료 알감자(3줌=350g), 굵은소금(1큰술), 물(2컵)

조림양념 진간장(3큰술), 설탕(1작은술), 물엿(1+1/2큰술), 청주(1큰술), 다진마늘(1/2작은술)

마무리양념 물엿(1작은술), 참기름(1작은술), 통깨(1작은술)

1 알감자를 물로 한 번 씻은 다음, 굵은 소금을 넣고 박박 문질러 이물질을 없애주세요.

2 냄비에 알감자를 넣고 물(2컵)을 부어, 뚜껑을 덮고 젓가락이 살짝 들어갈 정도로 반 만 익히세요.

3 조림양념을 붓고, 중불에서 끓어 오르면 약불로 줄여서 뚜껑을 반쯤 열어놓고 은근하게 조리세요.

4 조림양념 국물이 자작해지면 마무리로 물엿과 참기름을 넣고 골고루 섞어준 후, 불을 끄고 통깨를 솔솔 뿌려줍니다.

이재료의 효능은?

참깨에는 불포화 지방산이 풍부하여 고혈압과 동맥경화와 같은 성인병을 예방하고, 치매 예방과 기억력을 상승시키는 효능이 있습니다. 또한 활성산소를 억제하고, 비타민E가 풍부하여 노화를 예방하고 피부 미용에도 좋습니다. 그리고 독소를 해독하는 성분이 들어 있으며, 항암 효과와 변비를 예방하고 치료하는 효능도 가지고 있습니다.

콩의 영양이 그대로 담긴

두부간장조림

저렴한 가격에 단백질을 충분히 섭취할 수 있는 두부! 그냥 구워먹어도 맛있지만, 조림양념에 다시 한 번 조려주면 최고의 인기 있는 반찬이 되죠!

친절한 비법전수
두부에 소금을 살짝만 뿌려두면 단단해져서 구울 때 잘 깨지지 않게 돼요. 많이 뿌리면 조림이 짜지니 조금만 얹으세요.

만드는 시간 35분
3인분
난이도
칼로리 430 Kcal

이런게 필요해요

대표재료 두부(1모=400g), 녹말가루, 식용유 **조림양념** 진간장(3큰술), 물엿(1큰술), 청주(1작은술), 다진파(1큰술), 다진마늘(1작은술), 통깨(1작은술), 물(1/3컵) **마무리양념** 참기름(1작은술)

1 두부는 도톰하고 납작하게 썰어서 면보로 물기를 없애요.

2 두부에 녹말가루를 입히고, 달군 팬에 식용유 둘러 약한 불에서 노릇노릇하게 구워주세요.

3 조림양념을 만드세요.

4 두부에 조림양념을 얹어서 끓기 시작하면 약한 불로 줄여 국물이 자작거릴 때까지 조려요. 참기름을 넣어 고소함을 더하세요.

이 재료의 효능은?

두부에 들어있는 레시틴 성분은 어린이의 두뇌 발달을 도와주고 집중력을 향상시킵니다. 또한 콜레스테롤 수치를 낮추어서 성인병 예방에 탁월하며, 칼슘이 많아서 뼈를 튼튼하게 해 줍니다. 조금만 먹어도 포만감을 주기 때문에 다이어트 식품으로도 훌륭합니다. 한 가지 주의할 점은 신장 기능이 좋지 않은 사람은 많이 먹지 않는 것이 좋습니다.

매콤한 고춧가루양념을 얹은

두부지짐

고춧가루를 넣고 매콤하게 지진 두부지짐이에요.
매운 것을 좋아하지 않는 분들도 고소한 들기름에 구워 쫄깃한 이 반찬에 빠지실 거예요.

만드는 시간 20분

2인분

난이도

칼로리 171 Kcal

이런게 필요해요

대표재료 두부(1/2모=200g), 들기름(1큰술), 다진파(1큰술), 홍고추(1/2개), 물(1/2컵)

양념 진간장(3큰술), 고춧가루(1큰술), 다진마늘(1작은술), 통깨(1/2작은술)

1 두부는 물기를 없애고, 손가락 너비 크기로 두툼하게 썰어두세요.

2 달군 팬에 들기름을 두르고 약한 불에서 노릇하게 구우세요.

3 송송 썬 홍고추와 다진파를 넣고 양념을 만들어 두부 위에 올립니다. 물(1/2컵)을 가장자리에 둘러 자작거릴 때까지 조립니다.

친절한 비법전수

두부를 구울 때 들기름을 두르고 구우면 식용유로 구울 때보다 더 고소하고 향도 좋아요.

이재료의 효능은?

두부의 주성분인 콩의 효능에 대해 알아보겠습니다. 콩에는 여성 호르몬인 이소플라본을 함유하고 있어서 유방암을 예방합니다. 특히 검은콩은 일반 콩보다 이소플라본의 함량과 흡수율이 높다고 합니다. 그러고 콩에는 단백질과 지방 등의 영양분이 풍부하며, 성인병 예방과 노화 방지에도 좋습니다.

착한 가격의 완전식품

달걀장조림

자꾸만 가격이 오르는 쇠고기나 돼지고기가 사먹기에 부담스러울 때,
가격도 저렴하고 영양가도 높은 달걀을 사서 오래두고 먹을 수 있는 실속반찬으로 만들어 보세요.

만드는 시간 40분

4인분

난이도

칼로리 100 Kcal

이렇게 필요해요

대표재료 달걀(5개), 마늘(10쪽), 꽈리고추(10개), 당근(1/4개), 마른고추(1개)

달걀삶을 때 소금(1작은술), 식초(1큰술)

조림양념 진간장(5큰술), 설탕(2큰술), 청주(2큰술), 생강가루(2/3작은술), 물(1컵)

1 달걀에 소금과 식초를 넣고, 중간중간 숟가락으로 굴려가면서 약한 불에서 13분 동안 삶은 다음, 곧바로 찬물에 헹구세요.

2 달걀은 껍질을 까고, 마늘과 꽈리고추, 마른고추는 물로 씻어두고, 당근은 납작하게 썰어요.

3 냄비에 조림양념 붓고, 달걀, 당근, 꽈리고추, 어슷썬 마른고추 넣어, 끓기 시작하면 약한 불로 줄여서 10분간 조리세요.

4 국물이 반으로 졸아들면 마늘을 넣고, 마늘이 어느 정도 익을 때까지 졸여줍니다.

친절한 비법전수

달걀을 냉장고에서 바로 꺼내서 삶으면 껍질이 터져서 모양이 밉게 돼요. 그럴 때는 상온에 20분 정도 미리 꺼내놓아야 예쁘게 삶을 수 있어요.

이재료의 효능은?

달걀이 완전식품이라고 불리는 이유는 풍부한 단백질과 다양한 영양소를 함유하고 있기 때문입니다. 콜레스테롤이 많이 들어 있지만 콜레스테롤 수치를 낮추는 레시턴 성분도 같이 들어 있어서 큰 걱정을 하지 않아도 됩니다. 또 달걀의 콜린이라는 성분은 뇌세포를 활성화시켜 기억력과 집중력을 향상시킵니다. 그리고 눈의 망막을 보호하여 시력을 좋게 하고 눈을 건강하게 합니다.

단백질을 한 입에 쏙쏙

메추리알마늘조림

메추리알에 고추와 통마늘을 넣고 조려서 칼칼한 맛이 깔끔한 조림을 만들었어요.
냉장고에 보관했다가 드실 때는 전자레인지에 따뜻하게 데워서 드세요.

만드는 시간 60분

4인분

난이도

칼로리 106 Kcal

이렇게 필요해요

대표재료 메추리알(30개), 깐마늘(15쪽), 풋고추(5개), 당근(5cm 1토막), 굵은 소금

조림양념 진간장(5큰술), 설탕(2큰술), 청주(2큰술), 생강가루(2/3작은술), 통후추(3알), 대파(1/2대), 마른고추(1개), 물(1컵)

1 메추리알은 굵은 소금을 넣고 12분간 삶은 다음, 찬물에 헹구어 껍질을 까세요.

2 냄비에 메추리알과 조림양념을 넣어 뚜껑을 덮은 다음, 중간불에서 끓기 시작하면 약한 불로 줄여서 15분 정도 끓이세요.

3 당근을 먹기 좋게 썰어서 넣고, 깐마늘과 풋고추을 넣은 후, 10분간 약한 불로 조립니다.

친절한 비법전수

메추리알이 잘 까지지 않으면 바닥에 놓고 손가락에 힘을 주면서 굴려보세요. 그러면 잘 까져요.

이재료의 효능은?

메추리알은 질 좋은 단백질을 구성하는 필수 아미노산이 풍부하여 성장기 어린이나 노인, 회복 중인 환자를 치료하는데 도움을 주는 영양식품입니다. 또한 알르레기비염과 탈모 예방에 도움을 주며, 산후증 치료와 두통이나 불면증에도 효능을 가지고 있습니다.

빈혈 예방에 탁월한

연근조림

장보러 가면 빼놓지 않고 사는 연근! 반찬으로 만들어 냉장고에 두면 마음까지 든든해져요.
연근이 여성질환이나 피부에도 좋다고 하니 자주 드셔서 건강까지 챙기세요.
연근이 진공포장된 것은 표백제 처리 한 것일 수도 있으니 껍질이 있는 것을 사세요.

만드는 시간 40분

4인분

난이도

칼로리 73 Kcal

이런게 필요해요

대표재료 연근(2줌=300g), 식초(2큰술), 식용유(3큰술)

조림양념 진간장(3+1/2큰술), 맛술(2큰술), 물엿(2큰술), 설탕(1큰술), 물(1컵)

마무리양념 물엿(1작은술), 참기름(1/2작은술), 통깨조금

식초물에 담가두면 떫은맛과 색이 누렇게 변하는 것을 막고, 더 아삭거려요.

1 식초(1큰술) 푼 물에 연근을 5분정도 담가두세요.

2 냄비에 물을 붓고 끓어오르면, 연근과 식초(1큰술) 넣고 데친 후 찬물에 헹구세요.

연근을 팬에 구워서 조려주면 더 쫄깃한 식감을 맛볼 수 있어요.

3 달군 팬에 식용유 두르고, 약한 불에서 연근을 10분 정도 볶아주세요.

4 조림양념을 만들어 넣고, 국물이 없어질 때까지 약 20분정도 약한 불로 졸이다가 물엿, 참기름, 통깨 넣고 마무리하세요.

이재료의 효능은?

연근에는 비타민C와 철분이 풍부하여 혈액의 생성과 빈혈의 예방에 좋으며, 칼륨이 많아 고혈압 예방과 치료에 좋습니다. 또한 신경전달 물질을 생성하여 기억력 감퇴를 막고 치매 예방에 좋으며, 연근의 무신 성분은 니코틴을 없애는 효능이 있어 담배를 피는 사람에게 좋습니다.

깨끗한 장을 만들어주는

우엉조림

우엉은 뿌리채소 중에서도 식이섬유소가 많아서 변비 해소에 좋아요.
뿌리라는 생각에 선뜻 손이 가지 않지만, 일단 양념에 조려주면 부드럽게 씹히는 맛에
자꾸 젓가락이 가는 반찬이에요.

만드는 시간 40분

3인분

난이도

칼로리 138 Kcal

이렇게 필요해요

대표재료 우엉(2줌=160g), 식초(2큰술), 통깨(1작은술)

조림양념 진간장(2큰술), 물엿(1큰술), 맛술(1큰술), 설탕(1/2큰술), 마른고추(1/2개), 생강(1/2톨), 물(1/2컵)

1 우엉은 세로방향으로 길게 채 썰어서, 식초(1큰술) 푼 물에 5분정도 담가두세요.

2 끓는 물에 식초(1큰술) 넣고, 살짝 데친 후 찬물에 헹구세요.

3 조림양념을 넣고 한소끔 끓입니다. 우엉을 넣고 한 번 더 끓어오르면 약한불로 줄여 조리다가 국물이 자작거리면 통깨를 뿌리세요.

친절한 비법전수

우엉의 껍질 바로 밑 부분에 맛과 약효 성분이 있으니, 두껍게 벗기지 말고 칼등으로 살짝만 벗기세요. 또한 식초물에 담가두면 아린맛과 갈변을 막아 줘요.

이 재료의 효능은?

우엉에는 식이섬유소가 많아서 변비 예방에 좋으며, 장운동을 활성화시켜 변비 해소에 도움이 됩니다. 또한 칼로리가 낮아 다이어트에도 좋은 식품입니다.

몸에 좋은 견과류를 모아모아

땅콩호두조림

땅콩을 볶아서 간식으로만 먹었다면 지금부터는 고소한 호두를 함께 넣어 반찬으로 만들어보세요.
한 번 만들어서 냉장고에 넣어 두면 반찬걱정 없이 요긴하게 먹을 수 있어요.

만드는 시간 35분

4인분

난이도

칼로리 168 Kcal

이렇게 필요해요

대표재료 땅콩(1컵=100g), 호두(1컵=50g), 잘게 썬 당근(1/2줌), 식초(조금)

조림양념 진간장(3큰술), 물(2/3컵)

마무리양념 설탕(1큰술), 물엿(2큰술), 참기름(2/3작은술), 통깨(1작은술)

1 땅콩은 끓는 물에 넣어 한번 우르르 끓어오르면 건지고, 찬물에 헹구어 떫은맛을 없애주세요.

2 호두는 끓는 물에 식초를 조금만 넣어 데친 후, 찬물로 헹구세요.

3 조림양념 넣어 팔팔 끓인 다음, 땅콩과 호두, 당근 넣어 센불에서 끓기 시작하면 약한불로 줄이세요.

4 국물이 거의 없어지면 마무리로 설탕, 물엿 넣어 뒤적여줍니다. 불을 끈 후 참기름, 통깨 넣고 섞어주세요.

친절한 비법전수

생땅콩을 쌀뜨물에 삶아주면 쌀뜨물에 들어 있는 녹말기가 떫은맛을 없애줘요.

이재료의 효능은?

땅콩은 풍부한 영양 성분을 가지고 있으며 칼로리가 높아 건강 보조 식품으로 인정받고 있습니다. 리놀산과 올레인산 같은 불포화 지방산이 풍부하여 콜레스테롤 수치를 낮추고 고혈압과 동맥경화를 예방하는 효능을 가지고 있습니다. 비타민E가 많아 항산화 작용을 하여 노화를 예방하며, 성장기 어린이의 두뇌 발달에 도움을 줍니다.

술안주로만 먹기엔 아쉬운

쥐포조림

심심풀이로 먹던 쥐포구이! 쥐포를 양념에 조려서 매콤한 밥반찬으로 만들어보세요.
은행과 같이 먹으면 쫀득쫀득하고 맛있어요. 은행은 금방 굳어지니 조리 후 바로 드세요.

만드는 시간 15분

2인분

난이도

칼로리 119 Kcal

이렇게 필요해요

대표재료 쥐포(3장=60g), 은행(15알), 다진파(1큰술), 통깨(1작은술), 참기름(1작은술)

조림양념 진간장(1큰술), 고춧가루(1/3큰술), 물엿(1/3큰술), 청주(1큰술), 설탕(1/3큰술), 다진마늘(1/2큰술), 물(2큰술)

1 달군 팬에 식용유 없이 연갈색이 되도록 쥐포를 구우세요.

2 냄비에 조림양념장을 만들서 한소끔 끓이세요.

3 자른 쥐포와 껍질 깐 은행을 넣고 저어가면서 조리세요. 국물이 졸아들면 불을 끄고 다진파, 참기름, 통깨를 얹어서 잘 저어주세요.

친절한 비법전수

은행의 껍질을 깨끗이 벗겨내려면 달군 팬에 식용유 조금 두르고, 연두색이 될 때까지 볶아서 종이타월로 문지르면 돼요.

이재료의 효능은?

쥐포는 지방 성분이 적으면서도 단백질의 양이 풍부하고, 불포화 지방산이 풍부하여 고혈압과 동맥경화와 같은 성인병 예방에 효능을 가지고 있습니다. 또한 칼슘과 철분이 풍부하여 성장기 어린이에게 좋으며, 골다공증을 예방할 수 있습니다.

간식도 되고! 반찬도 되는!

단호박조림

단호박을 찌거나 튀기거나 해서 간식으로 많이 먹는데요,
간단한 양념을 더해 단호박의 맛을 그대로 살린 순하고 달달한 반찬이에요.

만드는 시간 30분

2인분

난이도 ★

칼로리 75 Kcal

이렇게 필요해요

대표재료 단호박(1/2통=350g), 통깨

조림양념 진간장(1큰술), 설탕(2큰술), 물(1컵)

1 단호박은 깨끗이 씻은 후 한 입 크기로 깍뚝썰고, 모서리부분을 칼로 둥글게 깍아 주세요.

2 냄비에 단호박을 넣고, 조림양념을 만들어서 넣어 주세요.

친절한 비법전수

단호박을 고를 때는 단단하면서 무게감이 있고, 진한 녹색을 띠는 것을 골라야 달콤하면서 맛있어요.

3 뚜껑을 덮고 센 불에서 끓기 시작하면 약한 불로 줄여 조린 다음, 국물이 자작거리면 불을 끄고 통깨 넣고 섞어줍니다.

이 재료의 효능은?

호박에 들어있는 노란 색소인 루테인은 피부암을 예방하며, 베타카로틴은 인체의 면역력을 높여줍니다. 또한 베타카로틴은 혈전의 생성을 막고 혈액 순환을 좋게 하여 심근 경색 예방에도 좋습니다. 그리고 비타민C가 풍부하여 피부 미용에 좋으며, 몸 안에 있는 수분을 밖으로 배출해서 부기를 빼주는 효능이 있습니다.

쫄깃한 식감이 살아있는

새송이버섯조림

새송이버섯보다 작아서 한입에 먹을 수 있는 꼬마 새송이버섯으로 조림을 했어요.
새송이버섯은 단단해서 오래 조려도 형태가 그대로 살고 쫄깃한 맛이 일품인 반찬이에요.

만드는 시간 30분

4인분

난이도

칼로리 58 Kcal

이렇게 필요해요

대표재료 꼬마새송이버섯(3줌=220g), 풋고추(2개), 마늘(6쪽), 물(3컵)

조림양념 진간장(2큰술), 설탕(1큰술), 통깨(1작은술)

1 버섯은 기둥 밑을 정리해서 흐르는 물에 살짝 씻고, 풋고추는 어슷하게 썰고, 마늘은 껍질을 벗겨 물에 씻어 주세요.

2 냄비에 물(3컵)을 붓고 끓어오르면, 버섯만 넣고 한소끔 끓이세요.

3 진간장(2큰술)과 설탕(1큰술)을 넣고, 마늘도 넣어 중불에서 조리세요.

4 조림장이 자작거릴 정도가 되면 풋고추 넣어 뒤적거린 다음, 불을 끄고 통깨를 뿌립니다.

이 재료의 효능은?

새송이버섯은 암을 예방하고 치료하는 효능이 있으며, 비타민C가 풍부하여 노화 방지와 피부 미용에 좋습니다. 또한 위산과다를 예방하고 위를 튼튼하게 해주며, 장의 활동을 활발하게 하는 효능을 가지고 있습니다.

다른 반찬이 필요 없는

우렁쌈장

뚝배기에 우렁과 야채, 된장을 넣고 재료의 맛을 살린 쌈장을 만들었어요. 야들야들한 우렁을 쌈 채소나 찐 양배추로 싸서 먹으면 그만이죠. 우렁이 없으면 오징어나 다른 해산물을 잘게 썰어 넣어도 맛있어요.

친절한 비법전수

쌈채소를 씻을 때는 수돗물에 5분간 담가서 흙이 자연스레 떨어지게 둔 다음, 흐르는 물에 30초 정도 씻어주세요.

만드는 시간 25분

6인분

난이도

칼로리 95 Kcal

이렇게 필요해요

대표재료 우렁이(1줌=100g), 애호박(1줌), 양파(1/4개), 표고버섯(1송이), 홍고추(1/2개), 청량고추(1/2개), 참기름

양념 된장(4큰술), 고추장(2큰술), 고춧가루(1큰술), 다진마늘(1작은술), 다진파(1큰술), 깨소금(1작은술)

1 애호박과 양파, 표고버섯은 잘게 썰고, 고추는 길게 반을 갈라 송송 썰어두세요.

2 우렁은 끓는 물에 살짝 데치세요.

3 달군 뚝배기에 참기름 둘러 양파, 애호박, 표고버섯 순으로 볶으세요.

4 양념을 만들어 넣고 우렁이, 고추 넣어 살짝 더 볶아줍니다.

이 재료의 효능은?

우렁이에는 칼슘이 풍부하여 골다공증 예방에 좋으며, 철분이 풍부하여 빈혈 예방과 치료에 좋은 식품입니다. 비타민B가 풍부하여 피로 회복에 좋으며, 피부 미용과 피부 노화 방지에도 도움을 줍니다.

엄마 손맛이 그리운 날엔

총각무지짐이

김장 때 곁들이로 담는 총각무김치.
그러나 맛들이고 나면 금방 시어져서 손이 잘 가지 않게 되죠.
하지만 별다른 양념 없이 들기름에 달달 볶아주니 추운 겨울철에 별미가 따로 없어요.

만드는 시간 50분

4인분

난이도

칼로리 125 Kcal

이런게 필요해요

대표재료 신총각김치(2줌=400g), 들기름(1+1/2큰술), 식용유(1큰술) **멸치다시마국물** 물(1+1/2컵), 멸치(5마리), 다시마(10cm 1장) **조림양념** 설탕(1큰술), 얇게썬마늘(1큰술), 다진파(2큰술), 통깨(1작은술)

1 냄비에 멸치와 물을 넣고 끓기 시작하면, 다시마를 넣어 10분간 더 끓여서 멸치다시마국물을 만드세요.

2 총각무는 세로로 길게 4등분하여 준비하세요.

뚜껑을 덮어 약한 불에서 은근하게 끓여 주세요.

3 달군 팬에 기름을 두르고, 마늘을 먼저 볶다가 총각무를 넣고 달달 볶아요. 설탕을 넣어 간을 하고, 멸치다시마국물 1컵을 부어요.

4 국물이 자작거리고 총각무가 어느 정도 물러지면 다진 파를 넣어 섞어주고, 통깨를 뿌려줍니다.

친절한 비법전수

총각무김치는 식용유만으로 볶기보다는 들기름을 넣어주면 향이 좋고 부드러운 맛이 나요.

이재료의 효능은?

총각무에는 식이섬유소가 많아서 변비 해소와 다이어트에 좋으며, 아밀라제, 아미다제와 같은 소화 효소가 많이 들어 있어서 소화를 돕습니다. 특히 무청에 들어있는 비타민C는 사과의 10배 정도로 많이 함유하고 있습니다.

담백하고 부드러운 살이 일품인

병어조림

병어는 예쁜 생김만큼이나 맛도 좋아요.
조리를 했을 때 비린내도 나지 않아서 생선을 좋아하지 않는 분들도 부담 없이 드실 수 있어요.

친절한 비법전수

병어는 살이 연해서 금방 부서지니 조심조심 다루어야 해요.

만드는 시간 20분

2인분

난이도

칼로리 170 Kcal

이렇게 필요해요

대표재료 병어(1마리), 대파(1/2대), 마늘(2쪽), 다시마(5cm1장), 참기름(1작은술)

조림양념 물(2/3컵), 고추장(1큰술), 진간장(1작은술), 설탕(1작은술), 청주(1큰술), 생강가루(1/2작은술), 후춧가루

1 병어는 비늘을 긁어내고, 아가미부분으로 내장 제거하고, 지느러미와 꼬리 잘라낸 다음 소금물에 씻어요.

2 마늘은 납작하게 썰고, 파는 송송 썰어요.

3 조림양념을 만들어서 다시마와 같이 넣고 한소끔 끓여요.

4 병어, 마늘, 파를 넣고 중간에 국물을 끼얹으면서 약한 불로 천천히 익히다가, 조림장이 자작거리면 참기름을 넣어요.

이재료의 효능은?

병어는 소화가 잘 되고, 비타민B군과 다양한 영양 성분이 풍부해서 어린이나 노인, 환자의 원기를 회복하는데 좋은 식품입니다. 소화 효소가 많은 무와 함께 섭취하면 병어의 비타민B와 단백질을 더 잘 흡수할 수 있습니다. 불포화 지방산인 EPA와 DHA도 많이 들어 있어 동맥경화와 뇌졸중을 예방하는 효능이 있습니다.

비리지 않고 향이 독특한

임연수조림

임연수라는 이름은 이 물고기를 주로 잘 낚았던 임연수라는 사람의 이름을 따서 붙여졌다고 해요. 지방에 따라서 새치나 이면수라 불려요. 조림을 하면 비린맛 없이 임연수어만의 독특한 향 때문에 색다른 맛을 느낄 수 있어요.

만드는 시간 20분

2인분

난이도

칼로리 180 Kcal

이렇게 필요해요

대표재료 임연수(1마리), 무(1/4=200g), 홍고추(1개), 청고추(1개), 대파(1/2대), 굵은소금(조금), 멸치다시마국물(1컵)

조림양념 진간장(3큰술), 고춧가루(1+1/2큰술), 맛술(1큰술), 매실액(1큰술), 다진마늘(1큰술), 생강가루(1/2작은술)

도마 위에 말린 우유팩을 넓게 펴서 사용하면 깔끔해요.

1 임연수는 내장, 지느러미, 꼬리를 제거한 다음, 굵은 소금을 푼 물에 깨끗이 씻고, 3등분하세요.

물2컵+멸치8마리+다시마 10cm 1장을 넣고 15분간 끓여 멸치다시마국물을 내요.

2 냄비에 납작하게 썬 무를 깔고, 멸치다시마국물(1컵)을 붓고, 한소끔 끓이세요.

3 조림양념을 만들어 둡니다.

4 임연수를 얹고 조림양념장을 올린 후, 끓기 시작하면 센 불에서 약한 불로 줄이고, 국물이 자작거리면 어슷 썬 고추와 대파를 넣으세요.

친절한 비법전수

조림을 할 때 무를 먼저 넣고 끓이다 반쯤 익었을 때 생선을 올려서 익히면, 무가 푹 익어서 먹기 좋아요.

이재료의 효능은?

임연수는 아미노산과 미량 원소가 많이 들어 있으며, 그 특유의 맛과 식감이 입맛 회복을 돕는 생선입니다. 비타민A가 풍부하여 인체의 저항력을 높여주고, 시력을 보호해 줍니다. 또한 비타민B군도 풍부하여 성장 기능을 촉진하고 뇌질환을 예방하며, 동맥경화와 당뇨병 예방에도 효능이 있는 식품입니다.

하얀 속살이 입 안 가득 살살 녹는

갈치조림

두툼한 갈치 살에 빨간 양념을 얹은 갈치조림. 밥 한 공기는 금방 비우게 되죠. 제가 알려주는 양념비법으로 외식은 이제 그만하시고 집에서 든든하게 드세요.

만드는 시간 30분

2인분

난이도

칼로리 142 Kcal

이렇게 필요해요

대표재료 갈치(1마리), 무(1/4개), 양파(1/2개), 청고추(1개), 대파(1/2대), 물(2컵)

조림양념 진간장(3큰술), 고춧가루(3큰술), 다진마늘(1큰술), 들기름(1큰술), 매실액(1큰술), 생강가루(1작은술)

갈치는 지느러미를 자르고, 비늘을 칼등으로 긁은 후 흐르는 물에 씻어요.

1 갈치는 손질해서 3등분하고, 무와 양파는 납작하게, 고추와 대파는 어슷하게 썰어요.

2 냄비에 무와 양파를 깔고 물(2컵)을 붓고, 조림양념장(1/2)을 넣고 끓이세요.

처음에 센 불로 익혀야 생선살이 으스러지지 않아요.

3 무가 반 정도 익으면 갈치 올리고, 남은 양념(1/2) 얹어요. 끓으면 청고추와 대파 넣고, 약한불로 줄여서 무가 익을 때까지 조려요.

친절한 비법전수

갈치를 조릴 때 들기름을 넣으면 생선의 비린내를 없애주고, 설탕대신 매실액을 넣으면 감칠맛이 나요.

이재료의 효능은?

갈치는 다양한 필수 아미노산을 함유한 단백질 식품으로 성장기 어린이에게 좋은 식품입니다. 칼슘, 인, 나트륨 등의 무기질이 많아 성장 발육과 골다공증 예방에 좋습니다. 또한 불포화 지방산인 EPA와 DHA가 풍부하여 두뇌 발달에 좋으며, 고혈압과 동맥경화, 심근경색 등의 성인병을 예방하는 효능이 있습니다.

신 김치가 들어가 더 맛있는

고등어김치조림

신김치와 고등어를 같이 조려서 비린내를 잡았어요.
맛있게 익은 신김치를 넣어 새콤하면서 칼칼한 맛이 나는 고등어조림 한 번 해보세요.

만드는 시간 40분

4인분

난이도

칼로리 187 Kcal

이렇게 필요해요

대표재료 고등어(1마리), 신김치(1/8포기), 무(1토막), 양파(1/2개), 홍고추(1개), 대파(1/2대), 멸치다시마국물(1컵=물) **조림양념** 진간장(2큰술), 고춧가루(2큰술), 맛술(1큰술), 매실액(1큰술=설탕1작은술), 들기름(1큰술), 생강가루(2/3작은술), 다진마늘(1큰술)

1 고등어는 손질해서 토막을 내고, 무와 양파는 납작하게, 대파는 어슷하게 썰어요.

2 냄비에 김치, 무, 양파, 고등어 순으로 올리세요.

3 조림양념을 만들어 섞은 후 고등어 위에 얹고, 대파와 홍고추, 멸치다시마국물(1컵)을 넣고, 센 불에서 뚜껑을 덮고 끓이세요.

4 국물이 끓기 시작하면 약한 불로 줄여서 중간중간 고등어에 국물을 끼얹으면서 20분 정도 조리세요.

친절한 비법전수

생선을 냉장고에 보관할 때 녹차를 우린 물에 담가주면, 비린내가 제거되고 생선에 있는 유해균을 없애주어 신선하게 보관할 수 있어요.

이재료의 효능은?

고등어에는 양질의 단백질과 양질의 지방산이 풍부하여 심장병을 예방하고 치료하는데 좋습니다. 고등어의 불포화 지방산인 EPA와 DHA는 콜레스테롤을 낮추어 동맥경화와 고혈압을 예방합니다. 특히 DHA 성분은 기억력 향상과 두뇌 발달에 좋습니다.

꽁치의 영양가를 100% 살렸어요!

꽁치김치조림

꽁치에 신김치와 감자를 넣고 조렸어요. 꽁치와 같은 등푸른 생선의 껍질에는 DHA 같은 불포화 지방산이 많은데요. 영양가의 손실 없이 껍질과 국물까지 먹을 수 있는 조리법이 바로 조림이에요.

만드는 시간 30분

2인분

난이도

칼로리 269 Kcal

이렇게 필요해요

대표재료 꽁치(2마리), 신김치(1줌), 감자(2개), 홍고추(1개), 청고추(1개), 대파(1/2대), 들기름(1큰술) **조림양념** 진간장(1큰술), 고춧가루(1큰술), 맛술(1큰술), 생강가루(1/2작은술), 다진마늘(1큰술), 멸치다시마국물(1/2컵)

1 꽁치는 내장, 지느러미를 제거하고, 머리와 꼬리를 잘라내고 2등분해 주세요.

2 신김치는 먹기 좋게 자르고, 감자는 넓적하게 자르고, 고추와 파는 어슷하게 썰어주세요.

3 가열한 냄비에 들기름을 두르고 신김치를 넣고 달달 볶은 다음, 감자와 꽁치를 얹으세요.

4 조림양념을 만들어서 올리고 멸치국물을 부어요. 끓어오르면 약한 불로 줄여 간간히 국물을 끼얹어 익히다가, 고추와 파를 넣으세요.

친절한 비법전수

생선의 비린내가 심할 때는 소금이나 식초를 푼 물에 5분간 담가두면 어느 정도 없앨 수 있어요.

이재료의 효능은?

꽁치에는 불포화 지방산인 EPA와 DHA가 많이 들어 있습니다. EPA는 혈전을 방지하여 뇌경색과 심근경색을 예방하고, DHA는 뇌를 활성화시켜 두뇌 발달에 좋으며, 중성지방을 낮추는 효과가 있습니다. 또한 혈액을 맑게 하여 동맥경화 예방에 좋은 식품입니다. 꽁치에는 칼슘과 인이 풍부하며, 칼슘의 흡수력을 높이는 비타민D도 많아 뼈를 튼튼하게 만들고, 골다공증 예방에 좋습니다.

뼈까지 통째로 먹는

양미리조림

양미리는 제철인 10월~12월이 되면 시장에서 20마리씩 엮어서 팔아요. 주로 재래시장에 가면 쉽게 살 수 있지요. 양미리는 뼈가 연해서 통째로 씹어 먹을 수 있어요.

만드는 시간 30분

4인분

난이도

칼로리 118 Kcal

이렇게 필요해요

대표재료 반건조 양미리(10마리), 무(3cm 1토막), 양파(1/4개), 홍고추(1개), 길게자른파(2큰술), 굵은소금(조금), 멸치다시마국물(1컵) **조림양념** 진간장(2큰술), 고춧가루(2큰술), 고추장(1작은술), 매실액(1큰술=설탕1작은술), 들기름(1큰술), 청주(1큰술), 다진마늘(1작은술), 생강가루(2/3작은술)

1 양미리는 소금물로 씻어 먹기 좋게 잘라요. 무, 홍고추, 파, 양파를 썰어 주세요.

2 냄비에 무, 양파, 양미리 순으로 올리고, 가장자리에 멸치다시마국물(1컵)을 부어주세요.

3 조림양념을 만들어서 양미리 위에 한 숟가락 씩 떠서 올린 다음, 홍고추를 올리세요.

4 뚜껑을 덮고 센 불로 끓입니다. 끓어오르면 약한 불로 줄여 조림국물이 반으로 줄 때까지 끓이다가, 파를 넣어요.

친절한 비법전수

양미리는 냄새가 심하니 보관할 때는, 내장을 빼서 먹기 좋게 잘라 지퍼팩에 담아 냉동 보관하세요.

이재료의 효능은?

양미리에는 단백질과 비타민B가 풍부하여 피로 회복과 노화 방지에 좋습니다. 철분이 풍부하여 빈혈의 예방에 좋으며, 필수 아미노산이 풍부하여 숙취 해소에도 좋습니다. 또한 DHA를 많이 함유하여 두뇌 발달에 좋으며, 칼슘이 많아 골다공증 예방에도 훌륭한 식품입니다.

자꾸만 자꾸만 생각난다!

코다리조림

코다리는 명태의 내장을 빼고 반 건조한 것으로 12월~1월 추울 때 가장 맛있어요. 보통 3마리가 한 묶음으로 되어 있어 큰 부담 없는 가격이지요. 그러면 지금부터 칼칼하면서도 쫄깃한 코다리조림을 만들어볼까요?

만드는 시간 50분

3인분

난이도

칼로리 151 Kcal

이렇게 필요해요

대표재료 코다리(2마리), 마른 고추(2개), 마늘(3쪽), 물(3컵)

조림양념 진간장(5큰술), 고춧가루(2큰술), 설탕(1큰술), 물엿(3큰술), 청주(2큰술), 들기름(1큰술), 생강가루(2/3작은술)

1 코다리는 3등분해서 지느러미를 제거하고, 물에 깨끗이 씻어두세요.

2 마른 고추는 씨를 제거해 가위로 어슷하게 썰고, 마늘도 썰어주세요.

3 냄비에 물(3컵)을 붓고 조림양념을 만들어서 넣은 후, 마른 고추, 마늘을 넣고 매콤한 향이 날 때까지 센 불에서 조리세요.

4 조림국물이 끓을 때 코다리를 넣고 한소끔 끓인 후, 코다리에 양념이 배고 익을 때까지 약한불에서 뚜껑을 열고 조립니다.

이 재료의 효능은?

코다리는 단백질이 많아 간의 재생에 좋으며, 타우린, 메티오닌과 같은 아미노산이 풍부하여 간을 보호하고 숙취 해소에 좋은 식품입니다. 또한 단백질과 칼슘이 풍부한 반면 지방 성분이 적어 다이어트에 좋습니다.

우리 제법 잘 어울려요!

오징어무조림

오징어에 무를 넣어 시원한 맛이 나면서도 마른 고추를 넣어 칼칼한 맛이 나는 조림으로 만들었어요. 타우린이 많이 있는 쫀득쫀득한 오징어 드시면서 하루의 피로를 날려보세요.

친절한 비법전수

오징어를 고를 때 몸통이 두껍고 빨판이 단단하게 달라붙어 있는 것이 신선한 거예요.

만드는 시간 40분

2인분

난이도

칼로리 121 Kcal

이렇게 필요해요

대표재료 오징어(1마리), 무(1토막), 마른고추(1개), 마늘(3쪽), 다진파(1큰술), 고춧가루(1작은술)

조림양념 진간장(2큰술), 매실액(1큰술), 맛술(2큰술), 물엿(1작은술), 생강가루(1/3작은술), 물(1+1/2큰술)

1 오징어는 몸통 안쪽에 칼집을 넣어 먹기 좋게 썰고, 무는 깍둑썰기로, 마른고추는 동그랗게 썰어요.

2 조림양념을 넣고 무와 마늘, 마른고추를 넣고 한소끔 끓여주세요.

3 오징어를 넣고 뚜껑을 덮은 후, 중간불에서 조리세요.

4 조림국물이 자작거리면 고춧가루와 다진파를 넣고 골고루 섞어줍니다.

이재료의 효능은?

오징어 자체가 콜레스테롤이 높은 음식에 속하지만 타우린 성분도 함께 가지고 있어 큰 걱정할 필요가 없습니다. 오징어의 타우린은 피로 회복과 콜레스테롤을 감소시키는 효과가 있습니다. 타우린이 당뇨와 성인병을 예방합니다. 타우린은 우리들이 많이 마시는 피로 회복제 음료의 주요 성분이라고 합니다. 또한 오징어에는 DHA가 풍부하여 두뇌 발달과 치매 예방에 좋은 식품입니다.

Have Some more meal!
just eat

PART 3. 볶음반찬

볶음반찬은 여러 가지 음식 재료에 맛있게 양념을 하여 불에 볶아 만드는 반찬을 말합니다. 볶음반찬에서 불조절은 음식 재료에 따라 차이는 있지만 기본적으로 센불에서 재빨리 볶아야 한다는 것입니다. 센불을 이용하는 이유는 불필요한 수분이 빠져나가는 것을 막고, 재료의 신선함과 영양을 유지시키기 때문입니다. 그런데 센불에서는 음식재료가 탈 수 있으니 늘 주의해야 해요. 볶음반찬의 장점은 한 번 만들어 놓으면 반찬을 매번 만드는 수고감을 덜 수 있고, 가정 살림에도 도움을 줄 수 있다는 점이에요. 마늘종볶음, 멸치볶음, 미역자반볶음, 오징어채볶음, 어묵볶음, 마른새우볶음 등의 볶음 반찬을 만들어 냉장고에 넣어두면 마음까지 든든해져요. 또한 갑자기 손님이 찾아오더라도 반찬 걱정하지 않아도 돼요. 최고의 살림꾼이 되고자한다면 볶음반찬을 잘 만드는 주부가 되어야 해요.

우리나라 대표 음식

불고기

불고기는 한국의 대표적인 음식으로 달달하고, 맵지 않아서 외국인의 입맛도 사로잡은 요리예요. 배를 넣어 기본간을 하니 육질이 더욱 부드러워 입안에서 살살 녹아요.

만드는 시간 4시간

4인분

난이도

칼로리 215Kcal

이런게 필요해요

대표재료 쇠고기(230g), 다진실파(2큰술), 당근(3cm 1토막), 느타리버섯(1/2줌), 양파(1/4개)

고기밑간 맛술(1큰술), 배간것(3큰술=배즙)

양념 진간장(2+1/2큰술), 설탕(2작은술), 다진마늘(1작은술), 참기름(1작은술), 후춧가루(조금), 물(3큰술), 통깨(1/2작은술)

친절한 비법전수

쇠고기 밑간에 배를 넣으면 고기를 연하게 만드는 작용을 해요. 배 음료를 넣어도 같은 효과가 나요.

1 쇠고기는 종이타월로 핏기를 제거한 후, 먹기 좋게 썰어요. 쇠고기에 맛술과 배를 갈아서 넣어 밑간한 뒤 20분간 두세요.

2 양념을 만들어서 재운 쇠고기에 넣고, 3시간 정도 냉장실에서 숙성시키세요.

3 양파와 당근은 채 썰고, 버섯은 갈라서 씻고, 실파는 송송 써세요.

4 달군 팬에 숙성시킨 쇠고기 넣어 중불에서 얼른 볶으세요.

5 쇠고기가 반쯤 익어갈 때, 양파, 당근, 버섯 넣어 볶다가 실파 넣어 섞어줍니다.

이 재료의 효능은?

양질의 단백질이 풍부한 쇠고기는 성장기 어린이의 발육, 환자나 노인의 보양식, 허약 체질의 개선에 아주 훌륭한 식품입니다. 쇠고기의 붉은살에는 철과 아연이 풍부하여 빈혈 예방과 당뇨병 예방에 좋습니다. 단 쇠고기의 지질은 포화 지방산으로 혈중 콜레스테롤을 높일 수 있기 때문에 너무 많이 먹지 말아야 합니다.

고추장양념에 버무린

마른새우볶음

새우를 바삭하게 볶아서 고추장 양념에 버무렸어요. 매콤한 고추장맛에 비린내도 없어지고, 새우의 고소한 맛이 살아있어요. 마른새우볶음은 새우의 영양을 통째로 먹을 수 있는 반찬이에요.

만드는 시간 15분

4인분

난이도

칼로리 125Kcal

이렇게 필요해요

대표재료 마른새우(2컵), 청주(2큰술), 통깨(1작은술)

볶음양념 진간장(1+1/2큰술), 고추장(1작은술), 설탕(1작은술), 물엿(1큰술), 식용유(1큰술), 물(1큰술), 참기름(1작은술), 다진마늘(1작은술)

친절한 비법전수

마른 새우에 청주를 넣고 볶으면 눅눅하지 않고 색이 더 선명해져요.

1 마른 새우는 달군 팬에 식용유 없이 살짝 볶으세요.

2 체에 받쳐서 부스러기를 걸러주세요.

3 달군 팬에 마른 새우 넣고, 청주를 넣어요. 청주가 새우에 스며들 때까지 볶아주세요.

4 볶음양념을 넣고 바글바글 끓이세요.

5 새우에 볶음양념을 붓고 약한 불에서 골고루 섞어서 통깨를 뿌립니다.

이재료의 효능은?

새우는 영양이 풍부한 고단백 저칼로리 식품입니다. 타우린이 풍부하여 고혈압에 좋으며, 칼슘이 풍부하여 골다공증을 예방하고 어린이 성장 발육에 좋습니다. 새우의 키토산은 혈중 콜레스테롤 수치를 낮추는 효능을 가지고 있습니다.

원기회복에 아주 좋은

낙지볶음

낙지는 원기회복에 좋아 쓰러진 소도 벌떡 일으키게 한다는 보양음식이에요.
야들야들한 낙지와 매콤한 양념이 조화를 이뤄, 다른 반찬이 필요 없고 술안주로도 좋아요.

만드는 시간 40분

2인분

난이도

칼로리 135Kcal

이렇게 필요해요

대표재료 낙지(큰것1마리), 양파(1/2개), 당근(1/4개), 대파(1대), 홍고추(1개), 청고추(1개), 식용유 **낙지손질** 밀가루(2큰술), 굵은소금(1큰술) **낙지데칠때** 청주(2큰술) **볶음양념** 진간장(1큰술), 고추장(1큰술), 고춧가루(2큰술), 설탕(1작은술), 물엿(1큰술), 청주(1큰술), 물(1큰술), 다진마늘(1큰술), 생강가루(1/3작은술) **마무리양념** 참기름(1작은술), 통깨(1작은술)

친절한 비법전수

낙지 빨판의 이물질을 제거할 때 밀가루를 사용하면 탄력이 생기지만, 소금만 넣고 주무르면 질겨져요.

1 낙지는 머리부분을 잘라 먹물과 내장을 빼냅니다. 밀가루와 굵은소금 넣고 주무르고, 다리부분의 빨판을 훑어 내리면서 불순물을 제거한 다음 물에 여러 번 씻어주세요.

2 끓는 물에 청주 넣고, 5초간 살짝 데쳐서 먹기 좋게 자르세요.

3 볶음양념을 만들어서 데친 낙지를 넣어 버무려 양념이 배게 두세요.

4 당근, 파는 어슷하게 썰고, 고추는 길게 반으로 갈라 씨를 털어 내 어슷하게 썰고, 양파는 채 썰어 주세요.

5 달군 팬에 식용유 두르고, 양파와 당근을 먼저 볶다가 양념에 재워 둔 낙지를 넣고 살짝 더 볶아주세요.

6 고추와 대파를 넣어 섞어준 다음 참기름, 통깨 넣어 마무리합니다.

이 재료의 효능은?

낙지는 여러 가지 무기질과 영양이 풍부하여 힘이 없을 때 원기를 회복하는데 아주 좋은 식품입니다. 또한 여러 가지 필수 아미노산이 많아 간장 기능을 강화시킵니다. 낙지에는 기본적으로 콜레스테롤이 많으나 콜레스테롤을 낮추는 타우린 성분이 함께 들어 있어 큰 문제가 되지 않습니다. 그리고 DHA 성분이 많아 뇌에 좋고, 철분이 많아 빈혈 예방에도 좋습니다.

두부의 고급스런 변신

깐소두부

깐소두부는 두부를 고소하게 한 번 구워서 새콤달콤한 양념에 버무린 중국식 요리예요.
아이들도 좋아하고, 손님초대 요리로도 좋아요.

만드는 시간 30분

4인분

난이도

칼로리 165Kcal

이렇게 필요해요

대표재료 두부(1/2모=300g), 완두콩(1/4컵), 볶은땅콩(10개), 마늘(3쪽), 다진파(1큰술), 녹말가루(1+1/2큰술), 식용유, 굵은 소금(조금)

양념 케첩(3큰술), 두반장(1큰술), 물엿(2큰술), 청주(1큰술), 레몬즙(조금)

두부밑간 소금(1/3작은술), 후춧가루(조금)

친절한 비법전수

두부를 보관할 때는 끓는 물에 살짝 데친 다음, 밀폐용기에 두부가 잠기도록 찬물을 넣어서 두면 돼요. 여기에 천일염도 조금 넣으면 쉽게 상하지 않고, 냉장실에서 3~4일 정도 보관할 수 있어요.

1 완두콩은 끓는 물에 굵은 소금 넣고 살짝 데쳐서 찬물에 헹궈 물기를 빼주세요.

2 두부는 물기를 제거한 뒤 2cm 크기로 깍둑썰기하고, 땅콩은 다지고, 마늘은 편으로 썰고, 양념을 만들어 두세요.

3 비닐 팩에 두부를 넣어 소금, 후춧가루로 밑간을 하고, 녹말가루를 넣어 골고루 섞이게 살살 흔들어주세요.

4 달군 팬에 식용유를 두르고 두부를 노릇하게 구워주세요.

5 두부를 구운 팬에 식용유를 조금만 더 두르고, 다진마늘과 파를 볶아서 향을 내고, 양념을 넣고 바글바글 끓이세요.

6 양념에 두부와 완두콩, 땅콩을 넣고 골고루 살살 버무립니다.

이 재료의 효능은?

두부에 들어 있는 레시틴 성분은 어린이의 두뇌 발달을 도와주고 집중력을 향상시킵니다. 또한 콜레스테롤 수치를 낮추어서 성인병 예방에 탁월하며, 칼슘이 많아서 뼈를 튼튼하게 해 줍니다. 조금만 먹어도 포만감을 주기 때문에 다이어트 식품으로도 훌륭합니다. 한 가지 주의할 점은 신장 기능이 좋지 않은 사람은 많이 먹지 않는 것이 좋습니다.

골라먹는 재미가 있는

견과류멸치볶음

멸치에 호두, 아몬드, 해바라기씨 등의 견과류를 넣어서 맛있는 멸치볶음을 만들어 보았어요. 멸치볶음은 밀폐력이 좋은 용기에 담아서 냉동보관하면 맛도 변하지 않고 오래 보관이 돼요.

만드는 시간 15분
8인분
난이도
칼로리 187Kcal

이렇게 필요해요

대표재료 잔멸치(2컵), 호두(1/2컵), 아몬드슬라이스(2큰술), 해바라기씨(1큰술), 들기름(1+1/2큰술), 식초(조금), 통깨(1큰술)

볶음양념 진간장(1작은술), 설탕(1큰술), 물엿(2큰술), 청주(1큰술), 물(2큰술), 생강가루(1/4작은술)

친절한 비법전수

멸치 자체가 짭조롬해서 진간장을 많이 넣으면 짜지니 조금만 넣으세요. 또한 들기름을 넣고 볶으면 비린내를 줄이고 고소한 맛이 깊어져요.

1 호두는 끓어오르는 물에 넣고 식초(조금) 떨어뜨린 후, 살짝 데쳐서 찬물로 헹구지 말고 뜨거운 상태로 체에 받쳐 물기를 빼세요.

2 달군 팬에 들기름 두르고 멸치 넣어 약한 불에서 3분간 볶아주세요.

3 멸치가 바삭하게 볶아지면, 호두와 아몬드, 해바라기씨를 넣고 30초 정도 살짝 더 볶아 다른 그릇에 옮겨주세요.

4 식힌 팬에 볶음양념을 한곳에 만들어서 붓고, 한소끔 끓어오르면 불을 끄세요.

5 양념장이 뜨거울 때 미리 볶아둔 멸치와 견과류를 넣어 섞어주고 통깨를 솔솔 뿌립니다.

이재료의 효능은?

호두에는 리놀레산과 리놀렌산 성분이 풍부하여 기억력을 증가시키는 효과를 가지고 있으며, 뇌세포의 혈액 순환을 원활하게 하여 뇌졸증과 치매 예방에 좋으며, 심장을 강하게 해줍니다. 또한 호두에 많이 들어 있는 비타민E는 인체의 노화를 방지하는 효과가 있습니다. 하지만 호두는 칼로리가 무척 높아서 한꺼번에 너무 많이 먹는 것은 삼가고, 하루에 3개 정도가 적당합니다.

매콤해서 어른들 입맛에 맞는

멸치고추장볶음

멸치고추장볶음은 매콤하게 양념을 해서 어른들 입맛에 맞고, 칼슘을 손쉽게 섭취할 수 있는 반찬이에요. 작은 멸치보다는 어느 정도 크기가 있는 중멸치로 볶아야 더 맛있어요.

만드는 시간 15분

8인분

난이도 ★★★

칼로리 158Kcal

이렇게 필요해요

대표재료 중멸치(2컵), 꽈리고추(10개)

볶음양념 고추장(2큰술), 들기름(3큰술=식용유), 설탕(1큰술), 청주(2큰술), 다진마늘(1작은술)

마무리양념 물엿(1큰술), 통깨(1작은술)

1 멸치의 잔여물은 체에 받쳐 털어내고, 찬물에 헹구어 물기를 빼세요.

2 볶음양념을 넣고 바글바글 끓이세요.

3 멸치를 볶음양념장에 넣어 골고루 섞어 볶아주세요.

4 꽈리고추를 넣고 볶다가, 물엿을 넣어 윤기 나게 한 다음 통깨를 뿌립니다.

이재료의 효능은?

멸치는 '칼슘의 왕'이라고 불릴 만큼 칼슘이 많이 들어 있어 뼈를 튼튼하게 만들고 골다공증 예방에 좋습니다. 불포화 지방산인 EPA와 DHA도 많이 들어 있어 기억력과 집중력 향상에 도움을 주어 어린이의 지능 발달에 효과적인 식품입니다. 또한 멸치에 들어 있는 칼슘과 타우린 성분은 마음을 가라앉히고 진정시키는 효능이 있어 우울증과 불면증, 신경과민에 좋습니다.

아이들이 좋아하는 바삭한

멸치땅콩볶음

아이들이 좋아할 수 있게 과자처럼 바삭하게 볶은 반찬이에요.
땅콩이 아닌 다른 견과류를 넣고 볶아도 맛있어요. 냉동보관해서 드시면 바삭함이 오래 가요.

만드는 시간 15분

4인분

난이도

칼로리 106Kcal

이렇게 필요해요

대표재료 잔멸치(1컵), 들기름(1+1/2큰술), 볶은땅콩(20개)

볶음양념 진간장(1/2작은술), 청주(1작은술), 물엿(1작은술)

마무리양념 설탕(1큰술), 통깨(1작은술)

1 땅콩은 볶아서 잘게 다져주세요.

2 달군 팬에 들기름 둘러 멸치 넣고, 약한 불에서 3분간 바삭하게 볶으세요.

3 다진 땅콩과 청주, 진간장, 물엿을 넣어 살짝 더 볶으세요.

4 불을 끄고 한 김 식힌 후, 설탕, 통깨 넣고 골고루 섞어줍니다.

친절한 비법전수

바삭한 멸치 볶음을 만들려면 멸치를 기름에 충분히 볶아야 해요. 또한 뜨거운 김이 빠져나간 후에 설탕을 넣어야 설탕 옷이 예쁘게 입혀져요. 뜨거울 때 바로 설탕을 넣으면, 녹으면서 멸치가 함께 뭉쳐 딱딱해져요.

이 재료의 효능은?

땅콩은 풍부한 영양 성분을 가지고 있으며 칼로리가 높아 건강 보조 식품으로 인정받고 있습니다. 리놀산과 올레인산 같은 불포화 지방산이 풍부하여 콜레스테롤 수치를 낮추고 고혈압과 동맥경화를 예방하는 효능을 가지고 있습니다. 비타민E가 많아 항산화 작용을 하여 노화를 예방하며, 성장기 어린이의 두뇌 발달에 도움을 줍니다.

맛도 가지가지! 건강도 가지가지!

가지볶음

갖가지 영양이 가득한 채소들의 볶음이에요. 가지를 기름에 볶아주면 영양성분이 우리 몸에 흡수가 더 잘 돼요. 가지는 스펀지처럼 기름을 흡수하니 센불에서 재빨리 볶아야 돼요.

만드는 시간 20분

4인분

난이도

칼로리 113Kcal

이런게 필요해요

대표재료 가지(1개), 양송이버섯(3송이), 노랑+빨강파프리카(1/4개씩), 양파(1/4개), 당근(1/5개), 식용유, 다진마늘(2작은술)

볶음양념 진간장(2큰술), 물엿(2작은술), 굴소스(1작은술), 다진파(1큰술)

마무리양념 참기름(1작은술), 통깨(1작은술)

1 가지와 당근은 반달 썰고, 양파와 파프리카는 채 썰고, 양송이버섯은 껍질을 벗겨 4등분 하세요.

2 달군 팬에 식용유 두르고 다진 마늘 넣어 향을 내고, 당근, 양파 넣고 볶다가 가지, 파프리카, 양송이버섯 넣고 볶아주세요.

3 가지가 80% 정도 익으면 볶음양념을 넣고 골고루 섞어준 다음, 다진 파 넣고 불을 끈 후, 마무리로 참기름과 통깨를 넣으세요.

친절한 비법전수

가지를 기름에 볶기 전에 연한 소금물에 10분 정도 담가두세요. 그러면 가지의 떫은맛을 줄여주고, 기름이 많이 흡수되는 것을 막아 담백한 맛을 살릴 수 있어요.

이재료의 효능은?

가지가 가지고 있는 특유의 안토시아닌 색소는 피를 맑게 하고 동맥에 생기는 침전물을 방지하여 동맥경화를 예방하고, 심장병과 뇌졸증도 예방합니다. 또한 최근 발표에 따르면 가지 주스가 세포 손상을 억제하여 암을 예방하는 효과가 있다고 합니다. 가지가 아프리카에서는 신경통에 효과가 있는 약재로 이용되고 있다고 합니다.

감자 본연의 맛을 살린

감자채볶음

감자채볶음은 담백한 감자의 맛을 살려야 맛이 있기 때문에 양념은 간단히 해야 돼요.
조리가 쉬워서 금방 후다닥 만들 수 있으니 반찬 걱정을 덜 수 있어요.

친절한 비법전수

감자는 전분기를 빼줘야 팬에 붙지 않고 탄력있게 볶아져요. 연한 소금물에 10분 정도 담갔다가 부드러워지면 물기를 제거한 다음 볶아주세요.

만드는 시간 15분

4인분

난이도

칼로리 98Kcal

이런게 필요해요

대표재료 감자(2개), 양파(1/2개), 당근(1/4개), 식용유(2큰술)

볶음양념 소금(1작은술), 다진마늘(2/3작은술), 통깨(1큰술), 후춧가루(조금)

1 감자는 채 썰어 연한 소금물에 담가 전분기를 빼고, 양파와 당근도 채 써세요.

2 달군 팬에 식용유 두르고, 다진 마늘 넣고 재빨리 볶다가 감자와 당근을 넣고 볶으세요.

3 감자와 당근이 반 정도 익으면, 양파를 넣으세요.

4 감자가 투명하게 익으면 약한 불로 줄이고, 소금과 후춧가루, 통깨를 뿌립니다.

이재료의 효능은?

감자는 소화가 잘 되고 위장을 보호하는 효능을 가지고 있습니다. 그리고 식이섬유소가 풍부하고 대장의 운동을 자극하여 변비에 좋으며, 몸 안에 남에 있는 염분을 밖으로 배출시키는 효능을 가지고 있습니다. 또한 감자는 다양한 영양 성분이 풍부하면서도 칼로리가 낮아 다이어트 식품으로도 훌륭합니다.

고구마가 부럽지 않은 식이섬유소의 왕

고구마줄기볶음

고구마를 캘 때 줄기를 걷어내는 데요. 바로 이 줄기에 식이섬유소 등 좋은 영양소가 많아요.
나물로 해 드시면 의외의 맛에 반하실 거예요.
고구마는 뿌리와 줄기 어느 곳 하나 버릴 것 없는 사랑스런 먹을거리예요.

친절한 비법전수
고구마줄기의 껍질을 벗기지 않으면 질기니 꼭 벗겨서 볶아주세요.

만드는 시간 15분
4인분
난이도
칼로리 68Kcal

이렇게 필요해요

대표재료 고구마순(3줌=300g), 굵은소금(조금), 식용유(1+1/2큰술), 다진마늘(1작은술), 다진파(1큰술)

볶음양념 고추장(1큰술), 고춧가루(1작은술), 국간장(1작은술), 설탕(1작은술), 참기름(1작은술), 통깨(1작은술)

1 고구마줄기는 가는 쪽을 꺾어서 밑으로 쭉 내려 껍질을 벗기고, 먹기 좋게 자르세요.

2 끓는 물에 굵은 소금 넣고, 우르르 끓어오를 때까지 데친 다음, 얼른 찬물에 헹구어서 물기를 짜주세요.

3 달군 팬에 식용유를 둘러 다진 마늘과 다진 파를 넣어 향을 냅니다. 줄기를 넣어 달달 볶은 후 뚜껑을 덮고, 약한불로 익히세요.

4 양념장을 만들어서 넣고, 약한 불에서 타지 않게 얼른 볶아줍니다.

이재료의 효능은?

고구마줄기는 고구마가 가지고 있는 좋은 성분들을 대부분 가지고 있습니다. 식이섬유소가 많아 변비를 예방하고, 비타민이 많아 노화를 예방하고, 칼로리가 낮아 다이어트에 좋습니다. 그리고 칼슘과 칼륨 성분이 많아 골다공증과 고혈압에 좋으며, 지방간과 대장암을 예방하는 효능도 있습니다.

들깨향 가득 순수한 맛

고구마줄기들깨볶음

고구마줄기에 들깨를 넣어 더 부드러우면서 고소한 반찬이에요. 고구마줄기의 식이섬유소가 변비를 예방하고, 들깨는 피부를 매끈하게 만드니 여성들에게 좋은 음식이에요.

만드는 시간 15분

4인분

난이도

칼로리 82Kcal

이렇게 필요해요

대표재료 고구마순(3줌=300g), 굵은소금(조금), 들기름(2큰술), 다진마늘(1작은술), 다진파(1큰술)

볶음양념 국간장(1작은술), 설탕(2/3작은술), 들깨가루(1큰술), 소금(조금)

1 줄기는 껍질을 벗기고, 먹기 좋게 잘라요. 끓는 물에 굵은 소금 넣고, 다시 한 번 끓어오를 때까지 삶아서 찬물에 헹궈 물기를 짜세요.

2 달군 팬에 들기름을 두르고, 다진 마늘과 다진파를 넣고 향을 낸 다음, 줄기를 넣어주세요.

3 달달 볶은 후 뚜껑을 덮고, 줄기가 부드러워 질 때까지 익히세요.

4 들깨가루, 국간장, 설탕을 넣고, 간이 배도록 볶은 후 부족한 간은 소금으로 합니다.

친절한 비법전수

고구마줄기는 억세서 바로 볶으면 조리시간이 길어져 질겨져요. 끓는 물에 살짝 데쳐야 부드러우면서도 고구마줄기 본연의 향을 살릴 수 있어요.

이재료의 효능은?

들깨는 여성에게 아주 좋은 식품으로 양질의 지방산이 많이 들어 있습니다. 특히 리놀렌산이 많이 들어 있어 피부를 윤기 있고 아름답게 만들어 주며, 유방암의 발생을 지연시키는 효과가 있습니다. 체력 회복과 산후 회복에 좋으며, 여성의 몸을 따뜻하게 하여 냉증 치료에 좋으며, 비타민E가 많이 들어 있어 생식 기능을 강화하고 불임을 예방합니다.

할머니가 해주시던 그 반찬

고사리들깨볶음

고사리는 여러 질병을 예방하며 면역력을 키우는 효능이 있고, 성장기 어린이들에게도 좋아요.
씹는 맛이 좋은 고사리에 들깨가루를 듬뿍 넣어 고소함이 진해요.
들깨국물도 남김없이 다 드세요~

친절한 비법전수

말린 나물은 따뜻한 물에 담가서 6시간 정도 불리세요. 30분간 약한불에서 삶은 후에 냄비 째 그대로 1시간 정도 두고, 찬물로 2번 헹구어 주세요. 그러면 아린 맛과 잡내가 없어지고, 더 부드러워져요.

만드는 시간 15분

4인분

난이도

칼로리 101Kcal

이렇게 필요해요

대표재료 불린 고사리(2줌=180g), 굵은 소금(조금), 들기름(2큰술)

볶음양념 국간장(1큰술), 통깨(1작은술), 다진마늘(1작은술), 다진파(1큰술)

들깨물 들깨가루(3큰술), 물(2/3컵)

1 고사리는 끓는 물에 살짝 데쳐서 찬물에 헹구고 물기를 짜세요.

2 먹기 좋게 잘라서 국간장, 다진마늘, 다진파, 통깨 넣어 골고루 무치세요.

3 달군 팬에 들기름을 두르고, 양념한 고사리를 넣어 볶아주세요.

4 들깨물을 만들어서 넣고 바글바글 끓인 후, 싱거우면 소금간을 하세요.

이재료의 효능은?

고사리는 외부에서 들어온 병균을 효과적으로 파괴하는 산성 다당류 성분이 들어있어 질병을 예방하고 면역력을 키우는 효능이 있습니다. 단백질과 칼슘, 칼륨 등 무거질도 많이 들어 있어 성장기 어린이들에게 좋으며, 여러 가지 염증과 종기, 설사, 습진 등을 치료하는 효능이 있습니다.

입맛이 없을 때 더 생각나는

김치볶음

김치볶음! 쉬울 것 같지만 의외로 맛내기가 쉽지 않은 반찬 중에 하나죠~ 맛있게 만드는 비법을 알려드릴테니 남은 신김치로 입맛도 살리고, 반찬걱정도 훌훌 날려버리세요.

만드는 시간 10분

4인분

난이도

칼로리 86Kcal

이렇게 필요해요

대표재료 신김치(1/4포기=2줌), 통깨, 양파(1/4개), 들기름(1큰술), 멸치다시마 국물(1/2컵=물), 대파(1/2대)

볶음양념 설탕(1작은술), 고춧가루(1작은술), 다진마늘(1작은술)

1 김치는 먹기 좋게 썰고, 양파는 채 썰고, 파는 어슷하게 썰어주세요.

2 달군 팬에 들기름을 두르고 김치를 볶다가 설탕, 고춧가루, 다진마늘을 넣고 볶아주세요.

3 김치가 윤기 나게 볶아지면 멸치다시마국물을 부어 뚜껑을 덮고, 끓기 시작하면 중간 불로 줄이세요.

4 국물이 자작거리면 양파, 대파를 넣어 섞어주고 통깨를 뿌립니다.

친절한 비법전수

김치볶음을 맛있게 하려면 센불에서 김치를 얼른 볶아야 돼요. 그래야 아삭한 식감을 살릴 수 있어요.

이재료의 효능은?

김치 양념으로 들어가는 고추에는 캡사이신 성분이 있어 몸속의 체지방을 줄여 비만을 예방하는 역할을 합니다. 또한 파와 마늘에는 알리신 성분이 있어 지방이 쌓이는 것을 막아 줍니다. 그리고 김치는 대장암, 위암, 폐암 등 여러 종류의 암을 예방하며, 피로 회복과 스트레스 해소에 좋은 효능을 가지고 있으며, 풍부한 식이섬유소와 많은 유산균은 장의 기능을 튼튼하게 만들어 줍니다.

향긋하고 보드라운

깻잎순나물

연한 깻잎순에 국간장으로 양념을 해서 한 번 더 볶아 고소하면서도 깻잎향이 살아있는 반찬이에요. 깻잎에는 철분이 풍부해서 빈혈도 예방해주고, 위암도 예방해 주니 건강까지 생각하면서 맛있게 드세요.

만드는 시간 15분

3인분

난이도

칼로리 54Kcal

이렇게 필요해요

대표재료 깻잎순(4줌=140g), 굵은소금(1/2작은술), 들기름(1큰술), 물(3큰술), 통깨(1작은술)

밑간양념 국간장(1큰술), 다진파(1큰술), 설탕(2/3작은술), 다진마늘(2/3작은술)

1 다듬은 깻잎순은 끓는 물에 굵은소금 넣고 살짝 데친 다음, 바로 찬물에 헹궈 물기를 짜주세요.

2 깻잎순에 밑간양념을 넣고 골고루 무치세요.

3 달군 팬에 들기름 두르고 깻잎순을 넣어 중간 불에서 볶다가, 물을 넣어 촉촉하게 만든 다음 통깨를 뿌려줍니다.

친절한 비법전수

깻잎순나물은 부드럽게 익혀야 맛있어요. 삶은 다음 물기를 너무 꽉 짜거나, 너무 오래 볶으면 질겨지니 살짝만 볶으세요.

이재료의 효능은?

깻잎의 푸른색을 구성하는 파이톨 성분은 몸 안에 들어온 세균을 없애는 대식 세포와 암세포만을 골라서 공격하는 자연 살해 세포의 활동을 도와주는 아주 훌륭한 항암 효과를 가지고 있습니다. 특히 위암 예방에 탁월한 효과가 있습니다. 깻잎은 다른 채소류와 비교해서 철분과 칼슘이 많이 들어 있어서 빈혈과 골다공증 예방에도 좋습니다.

씹는 맛이 즐거운

느타리버섯볶음

알록달록한 파프리카와 쫄깃한 식감이 살아있는 버섯을 같이 볶은 반찬이에요.
저렴한 버섯으로 손쉽게 만들어 맛있게 드세요.

친절한 비법전수

느타리버섯을 씻을 때는 물에 오래 담가두면, 좋은 성분들이 물에 녹기 때문에 흐르는 물에 빨리 씻어야 돼요. 또한, 볶기 전에 끓는 물에 살짝 데치면 쫄깃한 식감이 더해요.

만드는 시간 15분

3인분

난이도

칼로리 168Kcal

이렇게 필요해요

대표재료 느타리버섯(2줌=200g), 노랑·빨강 파프리카(1/4개씩), 양파(1/4개), 풋고추(1개), 굵은소금, 식용유(1작은술) **버섯밑간** 다진마늘(1작은술), 참기름(1/2작은술), 국간장(1작은술) **볶음양념** 참기름(1작은술), 통깨(1작은술), 소금

1 느타리버섯은 한 가닥씩 떼어 끓는 물에 굵은소금을 넣고 데친 다음, 바로 찬물에 헹구어 물기를 살짝 짜주세요.

2 느타리버섯은 밑간 양념해서 무치고, 파프리카와 양파는 길게 채 썰어 주고, 고추는 길게 잘라 씨를 털어 내고 채 썰어 주세요.

3 달군 팬에 식용유(1작은술) 둘러 중간 불에서 양파 넣어 볶다가 느타리버섯을 넣고 볶으세요.

4 파프리카와 풋고추 넣고 볶은 다음, 불을 꺼서 참기름과 통깨를 넣어 섞어주고, 부족한 간은 소금으로 합니다.

이재료의 효능은?

느타리버섯은 칼로리는 낮으면서도 포만감을 주기 때문에 비만 예방에 아주 좋습니다. 또 식이섬유소가 많아서 당의 흡수를 늦추기 때문에 혈당을 낮추어 줍니다. 버섯에는 셀레늄이라는 성분이 있어 인체의 노화를 예방하고, 칼륨이 풍부하여 혈액 중의 나트륨을 몸 밖으로 배출하는 효능이 있습니다.

녹말에 볶아 가볍게 먹는

느타리청경채볶음

기름에 볶는 대신 물과 녹말로 볶아 만든 가벼운 한 끼 반찬이에요.
양념을 적게 넣어 재료의 맛을 최대한 살렸어요.

친절한 비법전수

재료가 빨리 익기 때문에 녹말물은 미리 만들어 두어야 요리가 수월해요.

만드는 시간 15분

2인분

난이도

칼로리 77Kcal

이렇게 필요해요

대표재료 느타리버섯(1줌=100g), 노랑·빨강파프리카(1/4개씩), 양파(1/4개), 청경채(2포기), 당근(1/5개), 물(1/2컵) **녹말물** 녹말(1/2큰술), 물(2큰술) **볶음양념** 진간장(1큰술), 소금(조금), 참기름(1작은술), 통깨(1작은술)

1 느타리버섯은 끓는 물에 살짝 데치고, 청경채는 반으로 가르고, 파프리카와 양파, 당근도 썰어주세요.

2 냄비에 물(1/2컵) 붓고 끓인 후, 양파, 당근, 버섯 순으로 넣어 익히다가 진간장을 넣어주세요.

3 파프리카와 청경채를 넣고, 싱거우면 소금으로 간을 하세요.

4 청경채가 시들해지면 녹말물을 넣고 걸쭉하게 한 다음, 불을 끄고 참기름과 통깨를 넣어 섞어줍니다.

이 재료의 효능은?

청경채에는 비타민C, 카로틴 등이 많아 피부 미용과 피로 회복에 좋으며, 비타민A도 풍부하여 시력 향상과 간 기능 개선에 좋습니다. 칼슘이 풍부하여 치아와 뼈의 발육에 좋고, 골다공증 예방에도 좋으며, 베타카로틴이 들어 있어 인체의 면역체계를 향상시키는 효능이 있습니다.

집에서 푸짐하게 먹는

닭갈비

닭고기와 야채들이 매콤한 양념과 어우러진 푸짐한 요리예요. 손님초대나 온 가족이 모여서 함께 먹기 좋고, 저렴한 가격에 닭고기를 맘껏 먹을 수 있어요.

만드는 시간 70분

4인분

난이도

칼로리 875Kcal

이렇게 필요해요

대표재료 닭고기(3줌), 조랭이떡(1줌=쌀떡), 고구마(1줌), 양파(1/2개), 양배추(1줌), 당근(1/4개), 깻잎(10장), 대파(1대), 식용유(2큰술)

볶음양념 고추장(2큰술), 고춧가루(3큰술), 진간장(2큰술), 설탕(1작은술), 물엿(2큰술), 콜라(3큰술=사이다), 청주(2큰술), 카레가루(1작은술), 생강가루(1작은술), 다진마늘(2큰술), 참기름, 후춧가루

1 닭고기는 먹기 좋게 자르고, 볶음양념장을 만들어 2/3분량만 버무린 다음, 1시간정도 냉장실에 두세요.

2 고구마는 납작하게, 양배추, 양파, 깻잎은 굵게 채 썰고, 당근, 대파는 어슷하게 썰어요.

기름을 적게 두르거나, 고기를 맨 아래에 깔면 금방 타니 주의하세요.

3 달군 팬에 식용유를 둘러 양파–고구마–닭고기–당근–조랭이떡 순으로 얹고, 나머지 양념장(1/3분량) 넣어 중간불로 익히세요.

4 닭고기와 고구마가 익으면 양배추, 깻잎, 대파를 넣고 골고루 섞어줍니다.

친절한 비법전수

닭고기에 레몬즙을 뿌려주면 냄새가 없어져요. 그리고 신선한 닭은 모공이 올록볼록하게 돋아나있어요. 닭고기 구입 시 참고하세요.

이재료의 효능은?

닭고기는 단백질이 풍부해서 인체의 근육을 만드는데 아주 좋은 식품입니다. 또한 돼지고기나 쇠고기에 비해서 칼로리가 훨씬 낮아 최고의 다이어트 식품으로 각광받고 있습니다.

도라지의 쌉싸름한 맛이 입맛을 당기는

도라지나물볶음

도라지는 그냥 먹으면 쓰고 아린 맛이 나지만, 볶아주면 부드럽고 순한 맛으로 변해요. 7~8월이 제철인 도라지 드시고 건강을 챙기세요.

만드는 시간 15분

2인분

난이도

칼로리 108Kcal

이렇게 필요해요

대표재료 도라지(1줌=80g), 식용유(1큰술), 굵은소금, 깨소금

밑간양념 다진마늘(1작은술), 소금(1/3작은술), 참기름(1작은술)

1 도라지는 세로로 길게 2~3가닥으로 가르고 길이가 긴 것은 반으로 잘라, 굵은소금 넣고 박박 문질러서 찬물에 헹구세요.

2 끓는 물에 3분 정도 삶은 다음, 찬물에 헹구어 물기를 꼭 짜두세요.

3 밑간 양념을 넣고 골고루 무치세요.

4 달군 팬에 식용유를 두르고 양념한 도라지를 넣어 볶다가 깨소금을 뿌립니다.

친절한 비법전수

도라지를 손질할 때는 굵은소금을 넣고 박박 문질러서 부드럽게 만들어야 아리고 쓴맛을 없앨 수 있어요.

이재료의 효능은?

도라지에 들어 있는 사포닌 성분은 가래와 기침을 가라앉히고, 이눌린 성분은 염증을 치료하여 호흡기 질환을 예방하고 호흡기를 보호합니다. 또한 도라지의 이눌린 성분은 몸에 나쁜 균을 죽이고, 강력한 항암 효과도 가지고 있습니다.

맵지 않은 떡볶이

떡간장볶음

쫀득한 떡과 아삭거리는 파프리카를 같이 볶은 맵지 않은 떡볶이에요.
맵지 않아서 아이들 간식으로도 아주 좋아요.

만드는 시간 20분

2인분

난이도

칼로리 132Kcal

이렇게 필요해요

대표재료 쌀떡(1줌=150g), 노랑·빨강파프리카(1/4개씩), 양파(1/2개), 표고버섯(1개), 송송썬파(1큰술), 식용유 **볶음양념** 진간장(1큰술), 설탕(1작은술), 참기름(1작은술), 다진마늘(1/2작은술), 후춧가루(조금), 소금(조금), 통깨(1/2작은술)

1 쌀떡은 끓는 물에 데쳐 찬물에 헹구어 두고, 파프리카와 양파, 표고버섯은 채 썰어주세요.

2 달군 팬에 식용유 두르고 양파 먼저 넣고 볶으세요.

3 떡과 파프리카, 표고버섯을 넣고 볶으세요.

4 양념을 넣고 간이 배게 골고루 섞어주고, 파를 넣어줍니다.

친절한 비법전수

쌀떡을 냉동실에 보관할 때 갈라지는 것을 막으려면, 찬물에 한번 헹구어 수분이 있게 한 다음 보관하세요.

이재료의 효능은?

떡볶이의 재료인 가래떡에는 항산화 물질인 천연 폴리페놀이 많이 들어 있어 노화를 예방하고, 면역력을 향상시키고, 알레르기를 억제하고, 항암 항균 효과를 가지고 있습니다. 참고로 콩떡이나 영양찰떡에는 여성 호르몬 대체 성분이 많이 들어 있어 갱년기 여성에게 좋습니다.

은은한 마늘향이 나는

마늘종볶음

마늘종은 볶으면 매운맛이 사라져 단맛이 나고, 식감은 쫄깃해져요.
홍고추의 매콤한 맛과 어우러져서 더욱 감칠맛이 나네요.

만드는 시간 10분

2인분

난이도

칼로리 85Kcal

이런게 필요해요

대표재료 마늘종(1줌=100g), 홍고추(1개), 통깨(조금), 식용유

볶음양념 진간장(2큰술), 설탕(1/2작은술), 물엿(1큰술), 청주(1큰술)

1 마늘종은 4cm 크기로 자르고, 홍고추는 송송 썰어주세요.

2 달군 팬에 식용유 둘러 마늘종 넣고, 따닥따닥하는 소리가 날 때까지 볶아주세요.

친절한 비법전수

마늘종을 오래 볶으면 쪼글거리고 질겨져요. 마늘종이 어느 정도 투명해지면 불을 끄세요. 그래야 단맛이 나면서 쫄깃해져요.

3 볶음양념과 홍고추를 넣고 마늘종이 부드러워질 때까지 볶다가 불을 끄고 통깨를 뿌립니다.

이재료의 효능은?

마늘종도 마늘 못지않은 영양분과 효능을 가지고 있습니다. 풍부한 식이섬유소는 콜레스테롤 수치를 내리고, 동맥경화를 예방하며, 혈액 순환을 도와줍니다. 마늘종에 들어 있는 방향 성분인 유화아릴은 비타민B군의 흡수를 도와 항산화 작용과 강장 작용을 합니다.

숲속의 향기를 담고 있는

취나물볶음

취나물을 말리면 오래 보관할 수 있고, 또 언제든지 반찬으로 만들어 먹을 수 있어서 좋아요. 쫄깃하면서도 향긋함이 느껴지는 푸근한 반찬이에요.

만드는 시간 30분

4인분

난이도

칼로리 168Kcal

이런게 필요해요

대표재료 말린 취나물(2줌), 물(1/2컵), 들기름(2큰술)

볶음양념 국간장(2큰술), 다진파(1큰술), 들깨가루(2큰술), 다진마늘(1작은술)

1 취나물은 따뜻한 물에 충분히 불려서 삶은 다음, 물기를 꼭 짜주세요.

2 달군 팬에 들기름 둘러 취나물과 볶음양념을 넣고 볶으세요.

3 물(1/2컵)을 붓고 약한 불에서 뚜껑을 덮고 뜸들인 후, 국물이 거의 없어지면 불을 끕니다.

친절한 비법전수

말린 취나물은 따뜻한 물에 6시간 정도 불린 다음, 약한불에서 30분간 삶아 뜨거운 채로 1시간 정도 두세요. 그런 다음, 찬물로 2번 정도 헹구어 주세요. 그러면 쓴맛과 잡내가 없어지고, 더 부드러워져요.

이재료의 효능은?

취나물은 몸 밖으로 지방을 배출하고 혈액을 맑게 해줍니다. 취나물의 식이섬유소는 지방과 콜레스테롤을 대변으로 내보내고, 폴리페놀류는 콜레스테롤이 장에서 흡수되는 것을 막아줍니다.

시원하게 단맛이 나는

무나물볶음

무나물볶음은 무를 결대로 썰어서 바짝 달군 팬에 들기름을 둘러 볶아주는 거예요.
너무 가늘게 채를 썰면 익히면서 끊어져 버리니까 약간 굵게 채 썰어 주세요.

만드는 시간 15분

2인분

난이도

칼로리 88Kcal

이렇게 필요해요

대표재료 무(1/4개=200g), 들기름(1큰술)
중간양념 물(1/3컵), 다진마늘(1/2큰술)
마무리양념 볶음소금(1/3큰술), 생강가루(1/4작은술), 다진파(1큰술), 깨소금(1작은술)

1 무는 채 썰어서 달군 팬에 들기름을 둘러 중간불에서 3분 정도 달달 볶아주세요.

오래 익히면 너무 부드럽게 되니 적당히 익히세요.

2 물 1/3컵을 붓고 다진마늘도 넣어 뚜껑을 덮은 다음, 약한불에서 5분간 뜸을 들이면서 익히세요.

3 마무리양념을 넣고 한 번 더 볶아 줍니다.

친절한 비법전수

무의 부위별 조리법
윗부분 : 매운맛이 덜하고 단단해서 무즙이나 생채용
중간부분 : 단맛이 나니 조림용
뿌리부분 : 매운맛이 나니 국물요리나 절임용

이 재료의 효능은?

무는 천연 소화제라고 불릴 만큼 여러 가지 소화 효소가 들어 있어 소화에 도움을 주는 식품입니다. 무에 많이 들어있는 식이섬유소가 당의 흡수를 늦추기 때문에 당뇨병 예방에 좋으며, 장을 튼튼하게 만듭니다. 또한 칼로리가 낮아 다이어트에 좋은 식품입니다. 민간에서는 목의 통증, 기침에 효과가 있다고 합니다.

매콤하게 입맛 당기는

감자고추장볶음

고추장을 넣어서 매콤하게 입맛을 돋우는 감자볶음이에요.
쉽게 만들 수 있고, 언제 먹어도 맛있는 착한 반찬 중에 하나입니다.

만드는 시간 15분

4인분

난이도

칼로리 174Kcal

이런게 필요해요

대표재료 감자(2개), 양파(1/2개), 어슷썬파(1큰술), 굵은소금(조금), 식용유(1큰술)

밑간양념 진간장(1큰술), 다진마늘(1작은술)

볶음양념 고추장(1/2큰술), 고춧가루(1/2큰술), 물(3큰술), 들기름(1큰술), 통깨(1작은술)

1 감자는 납작한 반달모양으로 썰어서 소금물에 담가 전분기를 빼고, 양파는 채 썰고, 대파는 어슷하게 썰어주세요.

2 달군 팬에 식용유 두르고 중간 불로 다진마늘과 감자 넣어 볶다가 진간장 넣고 간을 해주세요.

3 감자가 투명하게 익으면 고추장, 고춧가루, 물, 양파 넣어 빨갛게 볶아준 다음, 들기름, 통깨, 파 넣어 골고루 섞어줍니다.

친절한 비법전수

감자를 연한 소금물에 담가두면, 소금이 감자를 부드럽게 해서 볶을 때 잘 부서지지 않아요.

이재료의 효능은?

감자는 소화가 잘 되고 위장을 보호하는 효능을 가지고 있습니다. 그리고 식이섬유소가 풍부하고 대장의 운동을 자극하여 변비에 좋으며, 몸 안에 남아 있는 염분을 밖으로 배출시키는 효능을 가지고 있습니다. 또한 감자는 다양한 영양 성분이 풍부하면서도 칼로리가 낮아 다이어트 식품으로도 훌륭합니다.

도시락 반찬 뭘까?

명엽채볶음

명엽채는 명태와 냉동어육을 가공해서 단맛을 낸 다음 채로 썰어 놓은 것을 말해요. 명엽채를 고소하게 볶아서 양념에 버무리면 딱딱하지 않고, 달달해서 도시락 반찬으로 인기가 좋아요.

친절한 비법전수
마요네즈를 넣어 밑간을 하면 명엽채가 덜 딱딱해져요.

만드는 시간 10분

4인분

난이도

칼로리 132Kcal

이런게 필요해요

대표재료 명엽채(2줌=100g), 식용유(1큰술)
밑간양념 마요네즈(1/2큰술), 다진마늘(1작은술) **볶음양념** 진간장(1작은술), 물엿(2큰술), 청주(1큰술), 물(2큰술)
마무리양념 설탕(1작은술), 통깨(1작은술)

1 명엽채는 가위로 잘게 자르고, 마요네즈와 다진마늘을 넣고 골고루 버무려주세요.

2 달군 팬에 식용유를 두르고 명엽채를 노릇노릇하게 볶아준 다음, 다른 그릇에 옮겨 놓으세요.

3 달궈진 팬에 진간장, 물엿, 청주, 물을 넣고 바글바글 끓이세요.

4 약한 불로 놓고 명엽채를 넣어 얼른 섞은 뒤, 불을 끄고 한 김 식힌 다음, 설탕과 통깨 넣고 섞어줍니다.

이재료의 효능은?

참깨에는 불포화 지방산이 풍부하여 고혈압과 동맥경화와 같은 성인병을 예방하고, 치매 예방과 기억력을 상승시키는 효능이 있습니다. 또한 활성산소를 억제하고, 비타민E가 풍부하여 노화를 예방하고 피부 미용에도 좋습니다. 그리고 독소를 해독하는 성분이 들어 있으며, 항암 효과와 변비를 예방하고 치료하는 효능도 가지고 있습니다.

씹히는 맛이 좋아 자꾸 먹게 되는

미역줄기볶음

미역줄기볶음은 꼬들꼬들 씹히는 재미가 있는 반찬이에요.
양념을 약하게 하고 미역줄기의 식감을 최대한 살려서 조리해야 맛있어요.

만드는 시간 15분

4인분

난이도

칼로리 93Kcal

이렇게 필요해요

대표재료 염장된 미역줄기(2줌=200g), 식용유(2큰술)

볶음양념 다진마늘(1큰술), 설탕(1작은술), 참기름(1작은술), 통깨(1작은술), 소금(조금)

1 미역줄기는 소금기를 충분히 빼주고, 다시 한 번 손으로 주물거려 물에 헹궈 체에 건지세요.

2 긴 줄기를 먹기 좋게 잘라주세요.

3 달군 팬에 식용유 두르고 다진마늘과 미역줄기를 넣어 볶다가 설탕, 참기름, 통깨를 넣고, 싱거우면 소금을 넣으세요.

친절한 비법전수

소금에 버무려져 염장된 미역줄기는 30분 정도 찬 물에 담가 소금기를 빼야 맛있어요. 그렇지 않으면 짠맛이 강해 소금반찬이 돼요.

이재료의 효능은?

미역은 콜레스테롤 수치를 낮추고 혈압이 올라가는 것을 막아 피를 잘 흐르게 하는 효능이 있습니다. 또한 요오드가 풍부하여 산모에게 좋으며, 미역에 들어 있는 알긴산이 중금속이나 발암 물질을 몸 밖으로 배출하여 암 예방과 치료에도 좋습니다.

과자처럼 바삭하게 먹는

마른미역볶음

마른 미역만 있으면 손쉽게 할 수 있는 반찬이에요.
짭짤하고 달달해서 과자처럼 먹을 수 있어요.
밀폐용기에 담아 냉동보관하면 바삭함이 오래가요.

만드는 시간 10분

4인분

난이도

칼로리 92Kcal

이렇게 필요해요

대표재료 자른미역(2컵), 식용유

볶음양념 설탕(1+1/2큰술), 통깨(1큰술)

1 마른 미역은 물기 있는 면보로 먼지를 닦아내고, 가위로 2cm 크기로 잘라줍니다.

2 중간 불로 달군 팬에 식용유 두르고, 미역을 넣고 타지 않게 볶아줍니다.

불을 켜고 설탕을 넣으면 녹으면서 딱딱하게 굳어요.

3 불을 끄고 설탕, 통깨를 넣고 골고루 섞어줍니다.

친절한 비법전수

미역은 검은 빛을 띠는 것이 좋고, 물에 담가서 불릴 때 여러 조각으로 끊기지 않아야 좋은 미역이에요.

이 재료의 효능은?

미역은 콜레스테롤 수치를 낮추고 혈압이 올라가는 것을 막아 피를 잘 흐르게 하는 효능이 있습니다. 또한 요오드가 풍부하여 산모에게 좋으며, 미역에 들어 있는 알긴산이 중금속이나 발암 물질을 몸 밖으로 배출하여 암 예방과 치료에도 좋습니다.

반찬도 되고 안주도 되는

소시지야채볶음

소시지야채볶음은 한 입에 쏙쏙 들어가는 소시지와 야채가 어우러진 반찬이에요. 맵지 않아서 아이들 간식으로 좋고, 어른들 술안주로도 좋아요.

만드는 시간 15분

3인분

난이도

칼로리 166Kcal

이렇게 필요해요

대표재료 소시지(20개), 양파(1/2개), 피망(1/2개), 당근(1/4개), 식용유

볶음양념 케첩(3큰술), 맛술(1큰술), 고추장(1/2작은술), 진간장(1작은술), 물엿(1작은술), 다진마늘(1작은술), 통깨(조금)

1 소시지는 어슷하게 잘라 중간에 칼집을 내고, 양파와 피망, 당근은 한 입 크기로 썰고, 볶음양념도 한데 섞어서 만들어 주세요.

2 끓는 물에 소시지를 살짝 데쳐서 찬물에 헹구어 두세요.

3 달군 팬에 식용유 둘러 중간불에서 다진 마늘 넣어 볶은 후, 양파, 당근, 피망 순으로 넣어 얼른 볶다가 소시지를 넣어 볶아주세요.

4 볶음양념장 넣고 골고루 섞은 다음 통깨를 뿌립니다.

친절한 비법전수

가공된 소시지는 끓는 물에 살짝 데쳐서 요리를 해야 식품첨가물이 녹아 나오고, 표면도 소독이 돼요.

이재료의 효능은?

피망은 '비타민 캡슐'로 불릴 정도로 비타민A, C, E 등의 다양하고 풍부한 비타민을 함유하고 있습니다. 특히 비타민C는 콜라겐 합성을 도와 피부를 탄력 있고 아름답게 만들어줍니다. 레드푸드에 속하는 빨강색 피망은 노화 방지와 암을 예방하는 효능이 있습니다.

솔잎향이 가득한

송이버섯애호박볶음

자연산 송이버섯은 향긋한 솔잎향이 나면서 쇠고기를 씹을 때처럼 진한 맛이 나요.
궁합이 잘 맞는 애호박을 같이 볶으면 송이의 깊은 향과 애호박의 부드러운 맛을 함께 즐길 수 있어요.

만드는 시간 30분

3인분

난이도

칼로리 106Kcal

이렇게 필요해요

대표재료 송이버섯(2송이), 애호박(1개=300g), 들기름(1큰술), 굵은소금(1/2큰술)

볶음양념 다진새우젓(1작은술), 다진파(1큰술), 다진마늘(1작은술), 물(3큰술), 통깨(1작은술)

1 애호박은 굵은소금에 20분간 절이세요.

2 절여진 애호박은 종이타월로 물기를 없애고, 송이는 길게 세로로 2등분해서 납작하게 썰어주세요.

3 달군 팬에 들기름 둘러 애호박 넣고 센불에서 볶다가, 중불로 줄여 다진마늘, 다진새우젓 넣고 볶으세요.

4 애호박이 익었으면 물(3큰술) 넣어 자작거리게 한 다음, 송이버섯 넣어 향을 내고, 다진파와 통깨 넣어 골고루 섞어줍니다.

친절한 비법전수

송이버섯은 물로 씻으면 향과 맛이 떨어지니 칼로 밑동 부분의 흙이나 이물질을 도려내고 깨끗한 물수건으로 닦아내세요.

이재료의 효능은?

송이버섯은 고단백 저칼로리 식품으로 콜레스테롤을 줄이고 피를 맑게 하여 성인병에 좋은 효능을 가지고 있습니다. 비타민D와 무기질이 풍부하여 피부 미용에 좋으며, 음식의 소화가 잘 되도록 도와 비만을 예방하고 식욕을 증진시킵니다. 또한 암세포를 죽이는 단독 단백질이 있어 항암 효능을 가지고 있습니다.

새우젓과 애호박의 찰떡궁합

애호박볶음

애호박은 위궤양을 예방하는 채소예요. 새우젓에는 소화 효소가 많구요.
애호박과 새우젓을 같이 넣고 볶음으로 만들어 먹으면 속이 쓰리면서 소화가 안 될 때 좋아요.

만드는 시간 10분

4인분

난이도

칼로리 92Kcal

이런게 필요해요

대표재료 애호박(1개), 홍고추(1/2개), 들기름(1큰술)

볶음양념 새우젓(1/2큰술), 새우젓국물(1/2큰술), 다진마늘(1작은술), 다진파(1큰술), 통깨(1작은술)

애호박은 금방 익기 때문에 얇게 썰어서 볶으면 쉽게 부서져요.

1 애호박은 반달모양으로 0.5cm 두께로 자르고, 홍고추는 송송 썰어주세요.

2 달군 팬에 들기름 둘러 센불에서 애호박 넣고 빠르게 볶다가, 반정도 익으면 새우젓과 새우젓국물을 넣고 중간불에서 볶아줍니다.

3 애호박이 부들거리고 투명하게 익기 시작하면 다진마늘, 다진파, 통깨를 넣고 얼른 볶아냅니다.

친절한 비법전수

애호박을 볶을 때는 센불에서 빠르게 볶는 것이 중요해요. 오래 볶으면 호박이 흐물거려서 젓가락으로 집기도 전에 부서져 모양과 식감이 좋지 않게 됩니다.

이재료의 효능은?

애호박에는 비타민C와 비타민A가 풍부하게 들어 있어 위궤양을 예방하고, 피부 미용에도 좋은 식품입니다. 애호박은 부드럽고 소화가 잘되기 때문에 위궤양 환자도 쉽게 먹을 수 있습니다.

쇠고기의 맛을 그대로 살린

쇠고기양송이볶음

쇠고기를 먹기 좋게 잘라서 궁합이 잘 맞는 양송이와 같이 볶아 만든 반찬이에요. 씹을수록 고소하고, 밥과 같이 먹으면 든든한 한 끼가 돼요.

만드는 시간 15분

2인분

난이도

칼로리 172Kcal

이런게 필요해요

대표재료 불고기용 쇠고기(150g), 양송이버섯(7개), 청고추(1/2개), 홍고추(1/2개), 식용유

볶음양념 진간장(3큰술), 설탕(1작은술), 청주(1큰술), 참기름(1작은술), 다진파(1/2큰술), 다진마늘(1작은술), 통깨(1작은술), 후춧가루(조금)

1 양송이버섯은 3등분하고, 고추는 잘게 썰고, 쇠고기는 한 입 크기로 잘라요. 볶음양념도 만들어 두세요.

2 달군 팬에 식용유 조금 두르고, 센 불에서 빠르게 볶으세요.

3 쇠고기가 반정도 익기 시작하면 양송이버섯, 고추를 넣고 볶으세요.

4 쇠고기가 다 익으면 볶음양념을 넣어 빠르게 볶으세요.

친절한 비법전수

쇠고기는 팬을 뜨겁게 달구어서 센불에서 빠르게 구워야 육즙이 나오면서 윤기 나게 볶아져요.

이재료의 효능은?

양송이버섯은 단백질이 많이 들어 있어서 간을 튼튼하게 하고 간암을 예방합니다. 버섯에는 기본적으로 암을 예방하고 억제하는 베타글루칸 성분과 항암 효과가 있는 AHCC 성분을 가지고 있습니다. 특히 양송이버섯에는 AHCC 성분이 많이 들어있습니다.

알록달록한 비타민이 가득

어묵파프리카볶음

알록달록 색깔도 예쁘고, 비타민이 풍부한 파프리카와 어묵을 같이 넣어 볶은 반찬이에요.
어묵은 충분히 볶아 주세요. 그래야 더욱 쫄깃해요.

만드는 시간 15분

4인분

난이도

칼로리 257Kcal

이렇게 필요해요

대표재료 긴어묵(8개=300g), 노랑·빨강 파프리카(1/2개씩), 양파(1/4개), 당근(3cm 한토막), 실파(5뿌리), 식용유(조금), 통깨(1작은술) **볶음양념** 진간장(2큰술), 다진마늘(1/3큰술), 물엿(1큰술), 맛술(1큰술)

1 어묵은 어슷하게 썰어 끓는 물에 데쳐 찬물에 헹구세요.

2 파프리카, 양파는 굵게 채 썰고, 당근은 얇게 채 썰고, 실파는 3cm 길이로 자르세요.

3 달군 팬에 식용유 두르고 데친 어묵을 넣어 3분 정도 수분이 날아가게 볶다가, 양파와 당근을 넣어 볶은 후, 다른 그릇으로 옮겨두세요.

4 볶음양념을 넣고 바글바글 끓여요. 볶아 둔 재료와 파프리카, 실파 넣어 버무리고, 통깨를 뿌리세요.

친절한 비법전수

파프리카 손질은 꼭지부분을 엄지손가락으로 꾹꾹 눌러서 몸통으로 집어넣고, 다시 꼭지를 꺼낸 다음 칼로 반을 갈라서 씨를 제거하세요.

이재료의 효능은?

파프리카는 사과의 41배나 되는 비타민C가 풍부하게 함유되어 있습니다. 비타민C는 멜라닌 색소가 생기는 것을 막아 기미, 주근깨를 예방하는 효능이 있습니다. 또한 항산화 성분이 풍부하게 들어 있어 노화 예방에 좋습니다. 붉은색 파프리카에는 베타카로틴이 많이 들어 있어 면역력 강화와 암 예방에 좋고, 노란색은 피부미용과 감기 예방에 좋은 효능을 가지고 있습니다.

남은 양념에 밥까지 비벼먹고 싶은

오징어볶음

매콤하게 입맛을 당기는 오징어볶음은 국물이 자작하게 생겨서 남은 양념에 밥까지 비벼먹으면 맛있어요. 그럼 지금부터 오징어볶음 요리를 시작해 볼까요?

만드는 시간 30분

4인분

난이도

칼로리 250Kcal

이렇게 필요해요

대표재료 오징어(3마리=300g), 양배추(1줌), 양파(1/2개), 청고추(2개), 홍고추(1개), 당근(1/3개), 대파(1/2대), 식용유(조금)

볶음양념 고추장(2큰술), 고춧가루(3큰술), 진간장(1큰술), 물엿(1큰술), 설탕(1큰술), 청주(1큰술), 참기름(1큰술), 다진마늘(1큰술), 다진생강(1작은술), 통깨(1큰술)

1 양파는 채 썰고, 양배추와 당근은 사각으로 썰고, 고추와 대파는 어슷하게 썰어줍니다. 볶음양념을 함께 섞어서 만들어두세요.

2 오징어는 찬물로 여러 번 헹구어 씻은 다음, 칼로 몸통 안쪽에 촘촘하게 벌집모양을 내어 먹기 좋게 잘라주세요.

3 달군 팬에 식용유를 두르고 센불에서 당근, 양파, 양배추, 고추 순으로 넣어 볶다가 오징어와 볶음양념을 넣어 빠르게 볶아주세요.

4 물기가 생기고 오징어가 익으면 대파를 넣어줍니다.

친절한 비법전수

오징어 몸통에 벌집모양을 내서 양념이 골고루 배게 한 다음 센불에서 빠르게 볶아야 맛있어요. 미리 양념장을 넣고 버무릴 경우, 오래 재워 두지 말고 요리하기 직전에 버무려서 볶으세요.

이재료의 효능은?

양배추가 채소이지만 칼슘이 많이 들어 있기 때문에 뼈를 튼튼하게 하고 골다공증을 예방합니다. 또한 독특하게 비타민U를 함유하고 있어 위벽을 튼튼하게 하고, 위궤양 치료에 좋습니다.

딱딱하지 않고 부드러운

오징어채볶음

오징어채가 아무리 맛있어도 딱딱하면 그림의 떡이에요.
매콤하고 고소한 양념으로 입맛도 살리고, 만들어 두면 한동안 반찬 걱정을 덜어 줄 거예요.

만드는 시간 15분

4인분

난이도

칼로리 236Kcal

이렇게 필요해요

대표재료 마른오징어채(3줌=100g), 마요네즈(2큰술), 참기름(1작은술), 통깨(1작은술)

볶음양념 고추장(2큰술), 진간장(1작은술), 물엿(1큰술), 설탕(1큰술), 맛술(1작은술), 식용유(2큰술), 물(3큰술), 다진마늘(1작은술)

1 오징어채는 먹기 좋게 잘라 찬물에 잠깐만 담갔다가 건져서 체에 받쳐 물기를 빼세요.

2 마요네즈를 넣고 골고루 섞어주세요.

3 팬에 볶음양념을 넣고, 끓어올라 바글바글 거리면 불을 끄세요.

4 오징어채를 넣어 양념에 골고루 무친 다음, 참기름과 통깨를 넣어 줍니다.

친절한 비법전수

오징어채를 딱딱하지 않고 부드럽게 하는 비법은 마요네즈를 넣는 거예요. 그러면 고소하고 부드럽게 먹을 수 있어요.

이 재료의 효능은?

오징어는 콜레스테롤이 높은 음식에 속하지만 타우린 성분도 함께 가지고 있어 큰 걱정할 필요가 없습니다. 오징어의 타우린은 피로 회복과 콜레스테롤을 감소시키는 효과가 있습니다. 타우린이 우리들이 많이 마시는 피로 회복제 음료의 주요 성분이라고 합니다.

지글지글 군침이 꿀꺽!

제육볶음

제육볶음은 돼지고기를 매콤하게 먹을 수 있어서 많이 찾는 반찬이에요. 지글지글 볶아서 밥과 같이 먹으면 더욱 맛있죠! 입맛 없는 가족들의 눈이 번쩍 뜨이게 만들어 보세요.

만드는 시간 40분

3인분

난이도

칼로리 557Kcal

이렇게 필요해요

대표재료 불고기용돼지고기(300g), 양파(1/4개), 양배추(1줌), 당근(1/4개), 대파(1대), 청고추(2개), 식용유(조금) **볶음양념** 고추장(2큰술), 고춧가루(2큰술), 진간장(1큰술), 설탕(1큰술), 물엿(1큰술), 오렌지주스(2큰술), 청주(1큰술), 다진마늘(1큰술), 생강가루(2/3작은술), 참기름(1/2큰술), 통깨(1작은술)

1 돼지고기는 먹기 좋게 잘라서 볶음 양념장을 만들어 붓고 30분간 재워 두세요.

2 양배추와 당근은 사각으로 썰고, 양파는 채 썰고, 고추와 파는 어슷썰기 하세요.

3 달군 팬에 식용유를 조금 두르고, 양념에 재운 고기를 센불에서 반쯤 익을 때까지 볶아주세요.

깻잎을 채 썰어서 마지막에 넣어도 좋아요.

4 양파, 당근, 양배추, 청고추, 대파를 넣고, 골고루 섞어가면서 고기가 익을 때까지 센불로 볶아줍니다.

친절한 비법전수

돼지고기를 먹을 때 상추에 쌈을 싸서 먹는데요. 돼지고기는 산성을 띠고, 상추는 알칼리성을 띠어서 같이 싸먹으면 궁합이 잘 맞아요.

이 재료의 효능은?

돼지고기의 불포화 지방산은 폐에 쌓인 미세 먼지와 독성 물질을 해독합니다. 돼지고기는 다른 고기에 비해서 비타민B군이 많이 들어 있어 피부에 탄력을 주고, 근육과 신경의 피로를 회복시켜 줍니다. 또한 철, 칼륨, 인 등이 풍부하여 성장기의 어린이와 수험생에게 좋은 영양 식품입니다.

집에서 해먹어요! 콩불

콩나물불고기

콩불은 얇게 썬 삼겹살과 아삭한 콩나물이 조화를 이룬 별미 중의 별미죠. 쫄깃한 떡을 먹는 재미도 있구요. 사랑하는 가족들과 오순도순 이야기꽃을 피우면서 콩불을 먹는 자리 준비해보세요.

만드는 시간 30분

4인분

난이도

칼로리 442Kcal

이렇게 필요해요

대표재료 얇게 썬 삼겹살(1줌=280g), 콩나물(1봉지=350g), 양배추(1줌), 쌀떡(1줌), 청고추(1개), 홍고추(1개), 어슷썬파(2큰술), 통깨

볶음양념 고추장(1큰술), 고춧가루(1큰술), 진간장(4큰술), 매실액(2큰술), 설탕(1작은술), 맛술(3큰술), 양파(1/2개 갈아서), 들기름(1큰술), 다진마늘(2큰술), 후춧가루(1/2작은술)

1 콩나물의 껍질을 벗기고 깨끗이 씻어서 물기를 빼두세요.

2 양파 1/2개는 갈아서 볶음양념장에 넣고, 양배추는 사각으로 썰고, 고추와 파는 어슷썰고, 쌀떡은 끓는 물에 데쳐 물기를 빼주세요.

3 팬에 콩나물 깔고, 고기와 쌀떡, 양배추를 얹고 볶음양념을 부어 중간불에서 익혀줍니다.

4 콩나물의 숨이 죽으면서 국물이 자작해지면 뒤적거리고, 고기가 익기 시작하면 고추와 파, 통깨를 넣고 골고루 섞어줍니다.

이 재료의 효능은?

콩나물에는 비타민C가 많이 들어 있어서 감기 예방에 좋으며, 아스파라긴산이 들어 있어서 숙취의 해소에 아주 좋습니다. 해장국에 콩나물을 많이 넣는 이유도 이 때문입니다.

살짝만 매콤한

어묵꽈리고추볶음

쫀득하게 씹히는 어묵과 매콤한 고추의 향이 어우러진 반찬이에요.
가격도 저렴하고 조리법도 쉬워서 부담 없이 만들 수 있어요.

만드는 시간 15분

4인분

난이도

칼로리 252Kcal

이렇게 필요해요

대표재료 사각어묵(5장), 꽈리고추(1줌)
볶음양념 진간장(1큰술), 굴소스(1작은술), 물엿(1큰술), 다진마늘(1작은술), 물(3큰술), 들기름(1작은술) **마무리양념** 고춧가루(1작은술), 다진파(1큰술), 통깨(1작은술), 후춧가루(조금)

1 어묵은 끓는 물에 살짝 데쳐 찬 물에 헹구어 물기를 빼주고, 꽈리고추는 포크로 구멍을 내주세요.

2 팬에 볶음양념을 넣어 한소끔 끓인 다음, 데친 어묵을 넣고 볶아주세요.

3 어묵이 말랑말랑 해지고 국물이 없어지면 꽈리고추를 넣어 섞어주고, 뚜껑을 덮어 익을 때까지 약한 불에서 2분간 두세요.

4 마무리양념을 넣고 골고루 섞어가면서 살짝 볶아줍니다.

친절한 비법전수

어묵은 끓는 물에 한 번 데쳐 기름기를 빼는 것이 중요해요. 또한 볶을 때는 어묵에 수분기가 없이 꼬들꼬들해질 정도로 볶아야 맛있는 볶음이 돼요.

이재료의 효능은?

고추에는 비타민C와 비타민A가 풍부하여 면역력을 높이고 감기를 예방합니다. 고추에 들어 있는 카로틴과 캡사이신 성분은 통증을 완화시켜주고 여러 암을 예방합니다. 고추가 맵다고 해서 위장을 다치게 하는 것은 아닙니다. 고추를 적당히 먹는다면 오히려 위 점막을 보호하는 효능이 있습니다.

담백한 홍합을 매콤하게 무쳐무쳐!

홍합볶음

홍합볶음은 홍합을 매콤하게 무쳐서 만든 반찬이에요. 바다 향과 매콤한 양념이 어우러져서 술안주로도 좋고, 쌓인 스트레스를 한꺼번에 날려 줄 거예요.

친절한 비법전수

싱싱한 홍합은 살이 붉고 통통해요. 홍합은 금방 상하니 구입해서 바로 먹는 것이 좋고, 보관할 때는 살짝 데쳐서 냉동보관하세요.

만드는 시간 15분

4인분

난이도

칼로리 78Kcal

이렇게 필요해요

대표재료 홍합(500g), 청양고추(1개), 대파(1/2대), 다진마늘(1큰술), 식용유

홍합삶기 물(1컵), 청주(1큰술)

볶음양념 고추장(1작은술), 고춧가루(2큰술), 진간장(1큰술), 설탕(1작은술), 맛술(1큰술), 홍합삶은 물(1/2컵), 참기름(2작은술)

1 홍합의 껍질을 수세미로 깨끗하게 씻고, 실타래 같은 수염은 잘라내 물로 여러 번 헹구어 주세요.

2 끓는 물에 청주와 홍합을 넣으세요. 껍데기가 벌어지기 시작하면 불을 끄고, 껍데기 위쪽은 떼어내세요.

3 달군 팬에 식용유를 두르고, 다진 마늘과 송송 썬 고추를 넣고 살짝 볶아 향을 낸 다음, 볶음양념을 넣어서 바글바글 끓여주세요.

4 홍합을 넣고 약한불로 줄여 양념이 골고루 배게 섞은 후, 뚜껑을 덮어 살짝만 더 익힙니다.

이재료의 효능은?

홍합에 들어 있는 타우린과 베타인 성분은 손상된 간을 보호하고 해독하는 효능이 있습니다. 따라서 알코올성 간염을 예방하는데 아주 좋습니다. 비타민, 칼슘, 인, 단백질 등의 풍부한 영양을 가지고 있으며, 바다에서 나는 유일한 싱거운 식품으로 몸 안의 나트륨을 제거하는 효능도 가지고 있습니다.

Have Some more meal!
just eat

PART 4. 찜, 구이반찬

찜 반찬은 고기나 생선, 채소 등의 재료에 뜨거운 김을 가해서 찌거나, 갖은 양념을 한 다음 푹 끓여서 국물이 어느 정도 있게 만드는 반찬입니다. 고추찜, 영양두부찜과 같이 뜨거운 김을 이용해서 찌는 경우에는, 끓는 물이 넘쳐서 재료에 배지 않도록 물을 적당이 넣어야 됩니다. 또한 갈비찜, 찜닭, 아귀찜과 같이 양념을 해서 끓이는 경우에는, 재료의 기름기를 뜨거운 물에서 미리 한 번 빼주고 조리를 하면 더욱 담백한 찜 요리를 만들 수 있습니다. 구이반찬은 고기나 어패류, 채소 등을 불에 구워서 만드는 반찬을 말합니다. 고기나 생선 구이를 할 때 주의할 점은 팬을 뜨겁게 달군 다음 미리 손질한 재료를 넣어야 한다는 것입니다. 그래야만 재료가 팬에 눌어붙지 않아요.

돼지고기보쌈

삼겹살에 향신재료를 넣고 삶아 잡냄새를 없애 주고,
보들보들하고 쫀득한 식감이 살아있는 보쌈을 만들었어요.
절인 배추에 무생채를 넣고, 고기를 올려서 싸먹으면 그 맛이 일품이에요.

만드는 시간 90분

4인분

난이도

칼로리 677Kcal

이렇게 필요해요

대표재료 돼지고기 삼겹살(1근), 배추(1/4포기), 굵은소금(1줌 배추절임용)

고기삶기 양파(1/2개), 대파(1대), 마늘(5쪽), 된장(1큰술), 통후추(10알), 인스턴트커피(1작은술), 청주(5큰술), 매실액(1큰술), 물(5컵), 월계수잎(2장), 굵은소금(1작은술)

무생채재료 무(1/3개=350g), 밤(3개), 잣(1큰술), 다진파(2큰술), 굵은소금(1큰술 무절임용)

무생채양념 고춧가루(3큰술), 새우젓(1작은술), 멸치액젓(1작은술), 다진마늘(1작은술), 생강가루(2/3작은술), 매실액(2큰술), 통깨(1작은술)

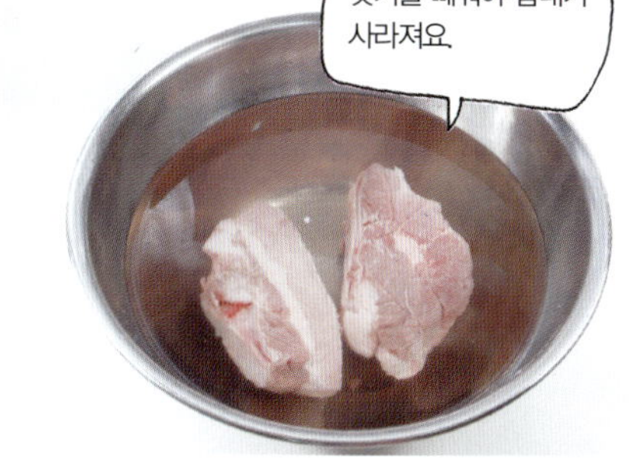

1 돼지고기는 덩어리째 찬물에 30분 이상 담가 핏물을 우려내세요.

2 고기 삶는 향신 재료를 모두 냄비에 담아 고기를 넣고, 센불에서 끓기 시작하면 약한불로 줄여서 50분 정도 삶아주세요.

3 배추는 굵은소금 1줌을 뿌려 줄기를 유연하게 절인 다음, 찬 물에 헹구어 물기를 꼭 짜고, 무는 채 썰어서 굵은소금 1큰술에 절여지게 20분 정도 두세요.

친절한 비법전수

고기를 삶을 때 넣는 향신재료는 돼지고기의 잡내를 없애요. 특히, 된장은 누린내도 잡아주면서 육질도 부드럽게 해줘요. 향신재료로 생강이나 녹차잎을 넣어도 좋아요.

4 무에 물기가 생기면서 소금이 녹았으면 꼭 짜고, 밤, 잣, 다진파, 무생채양념을 넣고 골고루 버무리세요.

5 푹 삶은 고기는 뜨거운 김을 식힌 후, 먹기 좋게 썰어 무생채와 절인 배추를 함께 담아냅니다.

이 재료의 효능은?

돼지고기의 불포화 지방산은 폐에 쌓인 미세 먼지와 독성 물질을 해독합니다. 돼지고기는 다른 고기에 비해서 비타민B군이 많이 들어 있어 피부에 탄력을 주고, 근육과 신경의 피로를 회복시켜 줍니다. 또한 철, 칼륨, 인 등이 풍부하여 성장기의 어린이와 수험생에게 좋은 영양 식품입니다.

사과를 넣어 고기가 부드러운

돼지갈비찜

고기를 연하게 하는 사과를 갈아 넣어 더욱 부드럽고,
마른고추를 넣어 매콤한 감칠맛을 살린 갈비찜이에요.
돼지갈비찜은 가족모임에 빠지지 않는 축하음식이죠.

만드는 시간 4시간

4인분

난이도

칼로리 295Kcal

이렇게 필요해요

대표재료 돼지갈비(1kg), 감자(3개), 당근(1/2개), 마른고추(3개=청양고추), 물(2컵) **갈비삶기** 물(6컵), 청주(4큰술), 월계수잎(2장) **찜양념** 진간장(6큰술), 설탕(2큰술), 청주(4큰술=와인), 사과(1/2개 갈아서=사과주스1/2컵), 양파(1개 갈아서), 다진마늘(2큰술), 다진생강(1작은술), 다진파(2큰술), 참기름(2큰술), 통깨(1큰술), 후춧가루(1/2작은술)

친절한 비법전수

돼지갈비찜을 맛있게 하는 비법은 한 번 데쳐내서 누린내와 기름기를 제거하고 찜을 하는 거예요. 또한 키위나 사과, 파인애플 등을 갈아서 넣으면 고기를 연하게 만들어 부드러운 갈비찜을 맛볼 수 있어요.

1 돼지갈비는 찬물에 1시간 이상 담가 핏물을 빼세요.

2 갈비가 잠기게 물을 붓고, 월계수잎과 청주를 넣어 살이 하얗게 익을 때까지 삶은 다음, 찬물에 헹구어주세요.

3 사과와 양파는 갈아서 즙을 내고, 나머지 양념과 섞은 뒤 데친 갈비에 넣고 잘 버무린 다음 2시간 이상 재웁니다. 여름에는 냉장실에서 숙성시키세요.

4 감자와 당근은 큼직하게 같은 크기로 자르고, 모서리부분을 칼로 둥글게 굴려가며 다듬어주세요.

5 양념에 재운 갈비에 물 2컵을 붓고, 마른고추를 잘라 넣어 센불에서 끓기 시작하면 중간불로 줄여 은근하게 끓이세요.

6 국물이 1/3로 줄어들면 감자와 당근을 넣고 끓이다가 감자가 익을 때쯤 뚜껑을 열고 조려줍니다.

이 재료의 효능은?

당근에는 베타카로틴이라는 성분이 들어 있어서 여러 가지 암을 예방합니다. 특히 식도암에 좋습니다. 이 베타카로틴은 날 것으로 먹는 것보다 기름에서 조리하면 흡수율을 더 높일 수 있습니다. 또한 당근에는 비타민A가 풍부하게 들어 있어 피부를 건강하게 하며, 눈의 피로를 감소시켜 시력을 보호하고, 몸의 피로를 해소하고 면역력을 강화시킵니다.

배를 넣어 부드러운

쇠갈비찜

특별한 날을 더욱 빛나게 하는 쇠갈비찜이에요.
배를 넣어서 고기가 부드럽고, 몸에 좋은 갖가지 부재료를 넣어서 더욱 맛이 좋아요.
미리 양념에 재워서 이틀 정도 냉장실에서 숙성시키면 더욱 맛있어요.

만드는 시간 4시간

4인분

난이도

칼로리 531Kcal

이렇게 필요해요

대표재료 쇠갈비(1kg), 무(1/3개=200g), 밤(5개), 당근(1개), 대추(5개), 은행(10개), 잣(1큰술), 물(2컵) **갈비삶기** 청주(2큰술), 물(6컵), 월계수잎(2장) **찜양념** 진간장(6큰술), 설탕(2큰술), 청주(4큰술), 참기름(2큰술), 다진파(3큰술), 다진마늘(2큰술), 다진생강(1작은술), 통깨(1큰술), 후춧가루(1/2작은술), 배(1/2개 갈아서), 양파(1개 갈아서)

친절한 비법전수

쇠갈비찜에 배와 무를 넣으면 고기를 연하게 만들어서 소화가 잘 되게 해요. 밤은 상온에 3일 정도만 두어도 벌레가 금방 생기니, 오래두고 먹으려면 속껍질까지 깍아서 하룻밤 물에 담가놨다가 물기를 없애고 냉동보관 하세요.

1 갈비는 1시간 이상 찬 물에 담가 핏물을 빼 주고, 중간에 3번 정도 물을 갈아주세요.

2 물과 청주, 월계수잎을 넣고 한 번 살짝만 삶아 주세요.

3 배와 양파는 갈아서 넣고, 나머지 양념재료를 한데 넣어 찜양념장을 만든 다음, 데친 갈비에 골고루 버무려 2시간 이상 재우세요.

4 밤은 껍질을 까고, 대추는 물로 씻고, 은행은 껍질을 벗기고, 무와 당근은 밤 크기로 잘라 모서리를 둥글게 굴리세요.

5 냄비에 갈비와 물2컵을 넣고, 센불에서 끓기 시작하면 약한불로 줄여 국물이 1/3 정도 남을 때까지 끓이세요. 갈비에 간이 배게 중간중간 국물을 끼얹어주세요.

6 무와 당근, 밤을 넣고 뒤적거리고, 무가 익을 때까지 끓이다가 대추와 은행, 잣을 넣고 한 번 더 끓입니다.

이재료의 효능은?

잣에 많이 들어 있는 마그네슘은 혈압을 낮추고 심장이 잘 뛰도록 도와주며, 심장 질환을 예방하는 효능이 있습니다. 여러 가지 질 좋은 불포화 지방산이 있어 콜레스테롤 수치를 내리고 동맥경화 예방에 좋습니다. 또한 인슐린의 활동을 도와서 당뇨에도 좋으며, 폴리페놀 성분이 항산화 작용을 하여 노화를 예방합니다.

콜라겐이 풍부해서 피부미용에 좋은

아귀찜

피부미용에 좋은 아귀찜은 콩나물을 듬뿍 넣어야 제 맛이 나죠.
그러기 위해서는 콩나물이 아삭하고 굵어야 좋아요.
그리고 미더덕을 먹을 땐 뜨거운 국물이 나오니 조심해서 드세요.

만드는 시간 40분

4인분

난이도

칼로리 506Kcal

이렇게 필요해요

대표재료 아귀(1마리=1Kg), 미더덕(1줌), 콩나물(3줌), 미나리(2줌), 대파(1/2대), 아귀삶은물(2컵) **아귀삶기** 청주(2큰술), 굵은소금(1/2작은술) **찜양념** 고춧가루(4큰술), 진간장(2큰술), 설탕(1큰술), 청주(1큰술), 다진파(3큰술), 다진마늘(2큰술), 생강가루(1작은술) **마무리양념** 녹말물(3큰술=녹말과 물 1:1 비율), 참기름(1작은술), 통깨(1큰술)

친절한 비법전수

아귀를 손질할 때 청주나 생강을 넣고 데치면 비린내를 없앨 수 있어요. 아귀 살이 잘 부서지니 찜양념 넣고 섞을 때 조심스럽게 다뤄요.

1 아귀는 내장을 빼고 토막을 낸 다음, 소금물에 씻어서 물기를 빼주세요.

2 미더덕은 소금물에 씻고, 콩나물은 머리와 뿌리 끝을 다듬은 다음 씻고, 미나리는 줄기부분으로 4cm 길이로 썰어주세요.

3 아귀를 냄비에 앉혀 잠길 정도로 물을 붓고, 청주와 소금을 넣어 뚜껑을 덮은 다음, 한번 끓어오르면 불을 끄고 건지세요.

4 콩나물은 물을 조금만 넣고 뚜껑을 덮어 5분 정도 익힌 다음 불을 끄고, 미나리를 얹어 뜨거운 김에 살짝만 익게 두세요.

5 아귀와 미더덕을 담아 아귀 삶은 물을 붓고, 찜양념장을 만들어서 1/2분량만 국물에 풀어 끓이세요.

6 끓으면 콩나물과 미나리, 대파를 넣고, 남은 찜양념장을 넣어 다시 한 번 끓입니다. 녹말물을 넣어 골고루 섞은 다음, 국물이 걸쭉해지면 참기름과 통깨를 넣고 섞어줍니다.

이재료의 효능은?

아귀의 껍질에는 콜라겐 성분을 함유하고 있어 피부 미용에 좋으며, 단백질이 풍부하여 어린이 성장 발육에 좋은 식품입니다. 또한 해독 작용이 있어 숙취 해소에 좋으며, 혈압을 내리고, 동맥경화와 같은 성인병을 예방하는 효능이 있습니다. DHA 성분이 많아 두뇌 발달에 좋으며, 지방 함유량이 적어 다이어트에 좋은 식품입니다. 미나리는 통풍을 예방하는데 좋은 식품입니다.

푸짐하게 한가득 맛도 한가득

찜닭

간장을 넣어 짭쪼롬하면서도 매콤한 맛이 나는 찜닭이에요.
당면과 포실포실한 감자는 보너스구요.
찜닭을 드실 때 당면이 금방 불으니 얼른 드세요.

만드는 시간 50분

4인분

난이도

칼로리 481Kcal

이렇게 필요해요

대표재료 닭(1마리), 청주(3큰술), 당면(1줌), 감자(2개), 양파(1/2개), 당근(1/2개), 마른고추(2개), 다진마늘(1큰술), 청량고추(1개), 통깨

조림양념 진간장(2/3컵), 물엿(1/2컵), 청주(1컵), 물(3컵), 사과(1/2개), 마른고추(2개), 마늘(5개), 생강(1쪽), 대파(1대), 통후추(1작은술)

친절한 비법전수

닭요리를 하기 2~3시간 전에 소금과 후춧가루를 뿌려놓거나, 우유에 20분간 담가두면 육질이 쫄깃해지고 비린내도 없앨 수 있어요.

1 당면은 미지근한 물에 30분 정도 불리세요.

2 감자는 큼직하게 썰고, 당근은 한 입 크기로 썰고, 양파는 굵게 채 썰고, 마른고추는 잘라서 씨를 털어 내세요.

3 조림양념을 냄비에 담아 사과가 무를 때까지 15분 정도 끓이세요.

4 닭은 토막을 내서 물로 한 번 헹구고, 끓는 물에 청주 3큰술을 넣고 기름기만 빠지게 살짝만 데쳐주세요.

5 넓은 팬을 달구어 다진마늘 1큰술과 닭을 넣어 볶다가, 감자와 당근, 마른고추, 조림양념(1/2분량) 넣고 조리세요.

6 닭과 감자가 익었으면 불린 당면과 양파, 청량고추, 남은 조림양념을 넣어 골고루 섞어요. 당면이 투명하게 익으면 통깨를 뿌려 완성합니다.

이재료의 효능은?

닭고기는 단백질이 풍부해서 인체의 근육을 만드는데 아주 좋은 식품입니다. 또한 돼지고기나 쇠고기에 비해서 칼로리가 훨씬 낮아 최고의 다이어트 식품으로 각광받고 있습니다.

고운빛 고명 살포시 얹은

조기찜

조기를 김이 오른 찜통에 넣어 푹 익힌 찜이에요.
별다른 양념 없이 조기의 담백함이 그대로 살아있고, 색색이 고운 고명을 얹어 보기에도 좋고, 맛도 좋고, 정성이 가득한 반찬이에요.

만드는 시간 70분
3인분
난이도
칼로리 414Kcal

이렇게 필요해요

대표재료 조기(큰것 1마리), 달걀(1개), 풋고추(1개), 마른실고추채, 식용유(조금)

조기밑간 국간장(1작은술), 청주(1큰술), 레몬즙(1큰술), 생강가루(1/3작은술), 후춧가루(조금)

조기찌기 무(1토막), 청주(1큰술)

친절한 비법전수

조기에 무를 박아서 찌면 고명을 올릴 때 간격이 생겨서 편해요. 달걀지단을 부칠 때는 달걀을 깨뜨려 거품이 나지 않게 살살 저어야 해요. 거품 속에 공기가 들어가면 표면이 고르지 않아서 지단이 울퉁불퉁해져요.

1 조기는 아가미 쪽으로 내장을 빼고, 지느러미를 자르고 수저로 비늘을 긁어낸 다음, 깨끗이 씻어주세요.

2 칼집을 2cm 간격으로 가시까지 닿게 깊숙이 내고, 밑간 소스를 만들어 칼집사이에 넣어 30분 정도 실온에 두세요.

3 칼집 사이에 납작하게 썬 무 조각을 끼워 청주를 골고루 끼얹고, 냄비의 물이 끓어 김이 오르면 조기를 넣고 25분간 쪄 주세요.

4 달걀은 흰자와 노른자로 나누어서 젓가락으로 치면서 풀어 줍니다. 가열한 팬에 식용유를 조금만 둘러 키친타월로 닦아내고, 지단을 구운 다음 젓가락으로 뒤집어 주세요.

5 지단을 식힌 다음 얇게 썰고, 풋고추도 채 썰고, 실고추채도 고명으로 준비해서 조기 칼집 사이사이에 가지런히 얹어주세요.

이 재료의 효능은?

조기는 각종 무기질과 비타민, 단백질이 풍부하여 원기를 회복하게 하는 영양 건강식 식품입니다. 칼슘과 철분이 풍부하여 성장기 어린이 발육에 좋으며, 전립선을 강화시켜 소변 배출이 쉽도록 도우며, 요로결석을 예방합니다. 또한 비타민 A, D가 풍부하여 야맹증을 예방하고 피로 회복에도 좋은 식품입니다.

뚝배기에 끓여 더 맛있는

달걀찜

달걀찜은 반찬이 아쉬울 때, 빨리 만들어 먹을 수 있는 아주 좋은 반찬이에요. 뚝배기 달걀찜의 포인트는 바닥에 눌어붙지 않고 타지 않게 하는 거예요. 달걀을 넣고 몇 번 저어주고 약한 불로 서서히 익혀야 타지 않아요.

만드는 시간 20분

3인분

난이도

칼로리 168Kcal

이렇게 필요해요

대표재료

달걀(3개), 다진파(조금), 다진홍고추(조금), 물(1+1/2컵)

찜양념

새우젓(1작은술), 소금(조금), 청주(1큰술)

1 뚝배기에 물을 담고 끓이세요.

2 달걀에 새우젓, 소금으로 간해서 젓가락으로 풀어주세요

3 뚝배기의 물이 끓으면 달걀을 붓고, 몽글몽글하게 엉키면 수저로 세 번 정도 젓고, 약한불에서 뚜껑을 덮어 은근하게 익히세요.

4 달걀이 익으면서 부풀어 오르면 불을 끄고, 다진 홍고추와 다진 파를 얹어 냅니다.

친절한 비법전수

뚝배기를 씻을 때는 세제로 씻지 마세요. 뚝배기에 작은 구멍이 있어 세제를 흡수하니 쌀뜨물을 붓고 반나절 정도 둔 다음 닦아내세요.

이재료의 효능은?

달걀이 완전 식품이라고 불리는 이유는 풍부한 단백질과 다양한 영양소를 함유하고 있기 때문입니다. 콜레스테롤이 많이 들어 있지만 콜레스테롤 수치를 낮추는 레시틴 성분도 같이 들어 있어서 큰 걱정을 하지 않아도 됩니다. 또 달걀의 콜린이라는 성분은 뇌 세포를 활성화시켜 기억력과 집중력을 향상시킵니다. 그리고 눈의 망막을 보호하여 시력을 좋게 하고 눈을 건강하게 하는 식품이기도 합니다.

덜 익은 풋고추로 만들어야 제맛!

고추찜

고추에 밀가루 옷을 입혀서 김이 오른 찜통에 찐 다음, 간장양념에 버무린 반찬이에요. 덜 익은 풋고추로 만들어야 맵지 않고 부드럽게 먹을 수 있어요. 물엿이나 꿀을 조금 넣어주면 윤기가 흘러 더욱 먹음직스럽게 돼요.

만드는 시간 25분
4인분
난이도
칼로리 123Kcal

이런게 필요해요

대표재료 풋고추(3줌=220g), 밀가루(3큰술)

찜양념 진간장(3큰술), 고춧가루(1/2큰술), 다진파(2큰술), 다진마늘(1작은술), 참기름(1큰술), 통깨(1큰술)

1 풋고추는 꼭지를 떼고 깨끗이 씻어 포크로 찔러 구멍을 냅니다. 비닐팩에 풋고추와 밀가루를 넣고 골고루 흔들어 옷을 입히세요.

2 김이 오른 찜기에 풋고추를 넣고 뚜껑을 덮어 5분 정도 찌고, 그 사이 찜양념을 만드세요.

3 밀가루 옷이 투명해지면서 풋고추가 다 쪄지면 넓은 접시에 흩트려서 한 김 빠져나가게 하세요.

4 한 김 식힌 풋고추를 양념그릇에 담아 찜양념을 한데 붓고 살살 섞어줍니다.

친절한 비법전수

고추가 뜨거울 때 양념을 바로 묻히면 서로 달라붙어서 질척거려요. 미지근하게 식힌 다음 양념에 무치세요.

이 재료의 효능은?

고추는 비타민C와 비타민A가 풍부하여 면역력을 높이고 감기를 예방합니다. 고추에 들어있는 카로틴과 캡사이신 성분은 통증을 완화시켜주고 여러 암을 예방합니다. 고추가 맵다고 해서 위장을 다치게 하는 것은 아닙니다. 고추를 적당히 먹는다면 오히려 위 점막을 보호하는 효능이 있습니다.

작지만 알찬 조갯살

꼬막찜

꼬막은 다른 조개와 달리 비린내가 나지 않아서 담백하게 먹을 수 있어요.
통통한 살이 알차게 들어있는 꼬막은 찬바람이 부는 겨울에 먹어야 더욱 쫄깃하고 맛있어요.

친절한 비법전수

칼 뒷날로 꼬막의 뒷부분을 비틀어주면 쉽게 깔 수 있어요. 싱싱한 꼬막은 살이 진한 붉은색을 띠고, 살 때 껍데기가 벌어져 있으면 죽은 것이 많아요.

만드는 시간 25분

4인분

난이도

칼로리 122Kcal

이렇게 필요해요

대표재료 꼬막(3줌=450g), 굵은소금

찜양념 진간장(2큰술), 고춧가루(2/3큰술), 설탕(1/3큰술), 청주(1작은술), 다진마늘(1작은술), 다진파(1큰술), 다진고추(1큰술), 물(1큰술), 참기름(1작은술), 통깨(1작은술)

1 꼬막은 칫솔로 깨끗이 닦아내고, 바닷물처럼 농도를 맞춘 소금물에 신문지를 덮어 하룻밤 정도 해감시키세요.

2 해감시킨 물을 버리고, 끓는 물에 꼬막을 넣어 껍데기가 1/3 정도 벌어지기 시작하면 불을 끄세요.

3 삶은 꼬막은 바로 찬물로 헹구고, 물기를 뺀 다음 한쪽 껍데기를 떼어 내세요.

4 찜양념을 만들어서 꼬막살에 얹어줍니다.

이재료의 효능은?

꼬막은 질 좋은 단백질과 필수 아미노산, 비타민 등이 골고루 들어 있어 성장기 어린이에게 좋으며, 철분과 여러 가지 무기질이 풍부하여 빈혈 예방에 좋은 효능이 있습니다. 꼬막에 풍부한 타우린과 베타인 성분은 피로 회복과 숙취 해소에 좋습니다.

최고의 인기요리

닭볶음탕

닭과 감자에 매운 양념을 넣고 익힌 닭볶음탕은 누구나 좋아하는 인기 요리예요.
만들기도 쉽고, 저렴한 가격으로 구할 수 있는 재료들이라 부담도 없어요.

만드는 시간 60분

4인분

난이도

칼로리 349Kcal

이렇게 필요해요

대표재료 닭(1마리=800g), 감자(중간크기4개), 양파(1/2개), 당근(1/2개), 대파(1대), 물(3컵)

닭삶는재료 청주(5큰술), 월계수잎(2장)

찜양념 고추장(1+1/2큰술), 고춧가루(3큰술), 진간장(3큰술), 설탕(1큰술), 물엿(1큰술), 청주(2큰술), 다진마늘(1큰술), 다진생강(1/2큰술), 참기름(1작은술), 통후추(10알), 통깨(1큰술)

1 닭은 크게 잘라 잠길 정도로 물을 붓고, 청주, 월계수잎도 넣어 끓어오르면 불을 끄세요. 닭을 건진 다음 데친 물은 버리세요.

2 감자는 큼직하게 2등분하고, 당근도 크게 잘라 모서리를 굴리고, 양파는 4등분하고, 대파는 어슷하게 썰어주세요.

3 데친 닭에 물(3컵) 붓고, 감자와 당근, 찜양념을 넣고 감자가 익을 때까지 중간 불에서 끓여주세요.

4 양파와 대파를 넣고 양파에 국물을 끼얹어가면서 한 번 더 끓이세요.

친절한 비법전수

닭을 끓는 물에 한 번 데쳐서 요리를 하면 기름기가 덜 생겨요. 또한, 닭의 노란색 지방은 누린내의 원인이니 다듬을 때 제거하세요.

이재료의 효능은?

닭고기는 단백질이 풍부해서 인체의 근육을 만드는데 아주 좋은 식품입니다. 또한 돼지고기나 쇠고기에 비해서 칼로리가 훨씬 낮아 최고의 다이어트 식품으로 각광받고 있습니다.

묵은지가 들어가야 제 맛이 나는

김치찜

김치찜은 묵은지로 해야 깊은 맛이 나고, 돼지고기는 살이 도톰한 목살로 해야 맛있어요. 담백한 고기와 싸먹으면 입안에서 살살 녹는 새콤한 맛을 느낄 수 있어요.

만드는 시간 40분

4인분

난이도

칼로리 175Kcal

이렇게 필요해요

대표재료 돼지고기목살(2덩이=300g), 묵은지(1/4쪽), 청고추(1개), 홍고추(1/2개), 대파(1/2대)

고기밑간 참기름(1작은술), 생강가루(1/2작은술), 후춧가루(조금), 소금(조금)

찜양념 김치국물(1컵), 물(1/2컵), 매실액(1큰술=설탕1/2큰술), 다진마늘(1작은술)

1 목살은 큼직하게 썰어 밑간을 해두세요.

2 묵은지는 길게 준비하고, 고추와 파는 어슷썰기 하세요.

3 냄비 바닥에 묵은지를 깔고 사이사이에 밑간한 고기를 끼운 다음, 찜양념을 넣고 센불에서 끓이세요.

4 끓기 시작하면 약한불로 줄여 30분간 서서히 익힌 다음, 고추와 파를 넣어줍니다.

이 재료의 효능은?

돼지고기의 불포화 지방산은 폐에 쌓인 미세 먼지와 독성 물질을 해독합니다. 돼지고기는 다른 고기에 비해서 비타민B군이 많이 들어 있어 피부에 탄력을 주고, 근육과 신경의 피로를 회복시켜 줍니다. 또한 철, 칼륨, 인 등이 풍부하여 성장기의 어린이와 수험생에게 좋은 영양 식품입니다.

두부의 재탄생

두부채소찜

두부와 갖가지 채소들이 들어가 영양가 높은 두부찜이에요.
두부의 고소한 맛과 채소의 씹히는 맛이 어우러져서 아이들이 먹기에 좋은 밥반찬입니다.

만드는 시간 20분

4인분

난이도

칼로리 194Kcal

이런게 필요해요

대표재료 두부(1/2모=300g), 달걀(1개), 표고버섯(1개), 다진브로콜리(2큰술), 다진당근(2큰술), 다진마늘(1/2작은술), 다진파(1큰술), 풋고추(1/2개) **찜양념** 소금(2/3작은술), 참기름(1작은술), 후춧가루(조금)

친절한 비법전수

두부의 물기를 쉽게 제거하려면 깨끗한 면보로 두부를 감싸서 그릇에 담아 전자레인지에 넣고 3분 정도(1모 기준) 가열한 다음 식혀주면 돼요.

1 두부는 물기를 제거해서 으깨고, 표고버섯과 풋고추, 당근, 브로콜리, 파, 마늘을 다져서 골고루 섞어주세요.

2 달걀과 찜양념을 넣고 골고루 섞어주고, 손으로 네모 모양으로 빚거나 틀에 넣어 모양을 만드세요.

3 찜통에 면보를 깔고 물이 끓기 시작하면 빚은 두부를 넣고 야채가 익을 때까지 찝니다.

이 재료의 효능은?

두부에 들어 있는 레시틴 성분은 어린이의 두뇌 발달을 도와주고 집중력을 향상시킵니다. 또한 콜레스테롤 수치를 낮추어서 성인병 예방에 탁월하며, 칼슘이 많아서 뼈를 튼튼하게 해 줍니다. 조금만 먹어도 포만감을 주기 때문에 다이어트 식품으로도 훌륭합니다. 한 가지 주의할 점은 신장 기능이 좋지 않은 사람은 많이 먹지 않는 것이 좋습니다.

고기반찬이 부럽지 않은

더덕구이

더덕은 기름장을 발라서 1차로 살짝 굽고,
다시 한 번 고추장양념을 발라서 2차로 구워주면 양념이 골고루 배어 깊은 맛이 나요.
더덕을 씹다보면 마치 고기를 먹는 느낌이 나요.

만드는 시간 35분
4인분
난이도
칼로리 169Kcal

이렇게 필요해요

대표재료 더덕(4개=200g), 송송 썬 실파(2큰술), 식용유, 굵은소금(조금)
기름장 진간장(1작은술), 참기름(1큰술)
구이양념 고추장(2큰술), 고춧가루(1/2큰술), 진간장(1큰술), 설탕(1큰술), 참기름(1작은술), 다진파(1/2큰술), 다진마늘(1/3큰술), 통깨(1작은술)

친절한 비법전수

고추장 양념장을 더덕에 바르고 20분 정도 지나서 구워야 양념이 배어들어 맛있어요.

1 더덕을 깔 때는 장갑을 끼고, 칼로 껍질을 벗기세요.

2 소금물에 담가 더덕의 알싸한 맛을 빼고, 촉촉하게 해주세요.

3 기름장과 구이양념장을 각각 만들어두세요.

4 방망이로 살살 두드려 더덕을 부드럽게 만드세요.

5 기름장을 골고루 발라서 가열한 팬에 식용유를 둘러 구우세요.

6 구이양념을 발라 식용유를 조금만 둘러 구운 다음, 송송 썬 실파와 통깨를 얹어냅니다.

이재료의 효능은?

한방에서는 더덕의 약효가 인삼 못지않다는 말이 있습니다. 이것은 인삼에 많이 들어 있는 사포닌 성분이 더덕에도 풍부하기 때문입니다. 더덕은 강장 식품으로 정력을 높여주고, 기침과 가래를 없애주는 효능이 있습니다.

맛과 영양까지 쏙쏙 빼먹어요!

닭꼬치구이

닭안심은 지방이 적어 구이용으로 먹으면 좋아요.
구운 파와 단호박, 양송이버섯을 익힌 다음 꼬치에 꿰어서 맛과 영양까지 빼먹어 봐요.

만드는 시간 40분
4인분
난이도
칼로리 462Kcal

이렇게 필요해요

대표재료 닭안심(5쪽), 양송이버섯(5개), 단호박(1/6통), 대파(2대 흰부분), 밀가루(2큰술), 식용유, 천일염(조금)
닭안심밑간 소금(1/4작은술), 참기름(1/4작은술), 생강가루(1/4작은술), 후춧가루(조금)
구이양념 진간장(2큰술), 물엿(1큰술), 맛술(1큰술), 매실액(1큰술=설탕1작은술), 물(4큰술), 마늘(2쪽)

친절한 비법전수

닭안심에 밀가루 옷을 묻혀서 구우면 잘 타지 않으며, 더 고소한 맛이 나요.

1 닭안심은 한 입 크기로 잘라 밑간양념을 해두세요.

2 대파는 2cm로 자르고, 단호박은 껍질을 깎아서 대파 크기로 자르고, 양송이는 갓부분의 껍질을 벗겨 반으로 썰어주세요.

3 밑간한 닭안심에 밀가루 옷을 무치세요.

4 가열한 팬에 식용유를 둘러 노릇하게 구우세요.

5 고기를 구운 팬에 천일염을 뿌려서 단호박을 익힌 다음, 대파와 양송이를 넣어 구우세요.

6 구이양념을 넣고 중간불에서 끓기 시작하면 약한불로 줄여, 구운 닭안심과 채소를 넣고 양념에 버무린 다음 꼬치에 하나씩 끼워줍니다.

이재료의 효능은?

닭고기는 단백질이 풍부해서 인체의 근육을 만드는데 아주 좋은 식품입니다. 또한 돼지고기나 쇠고기에 비해서 칼로리가 훨씬 낮아 최고의 다이어트 식품으로 각광받고 있습니다.

정말 정말 쉬운 반찬

가지애호박구이

가지와 호박을 송송 썰어서 굽기만 하면 되는 초간단 반찬이에요.
노릇하게 구워서 매콤한 양념장에 찍어 먹으면 밥 한공기가 금방 없어져요.

만드는 시간 30분

4인분

난이도

칼로리 85Kcal

이렇게 필요해요

대표재료 가지(1개), 애호박(1개), 식용유(조금)

구이양념 진간장(3큰술), 고춧가루(1작은술), 설탕(1작은술), 다진마늘(1작은술), 다진파(1큰술), 다진풋고추(1큰술), 참기름(1작은술), 통깨(1작은술)

1 구이양념장을 한 곳에 만들어 두세요.

2 가지와 호박은 도톰하고 납작하게 썰어주세요.

3 가열한 팬에 식용유를 두르고, 중간불에서 가지와 애호박을 노릇하게 구우세요.

4 접시에 가지와 호박을 담아 양념장을 얹어냅니다.

친절한 비법전수

가지를 굽기 전에 연한 소금물에 10분 정도 담가두세요. 그러면 가지의 떫은 맛이 줄어들고, 기름이 많이 흡수되는 것을 막아 담백한 맛을 살릴 수 있어요.

이재료의 효능은?

가지가 가지고 있는 특유의 안토시아닌 색소는 피를 맑게 하고 동맥에 생기는 침전물을 방지하여 동맥경화를 예방하고, 심장병과 뇌졸중도 예방합니다. 또한 최근 발표에 따르면 가지 주스가 세포 손상을 억제하여 암을 예방하는 효과가 있다고 합니다. 가지가 아프리카에서는 신경통에 효과가 있는 약재로 이용되고 있다고 합니다.

고소한 엄마표 반찬

감자구이

햇감자를 수확하는 초여름만 되면 엄마는 순식간에 짠하고 감자구이를 만들어 주셨어요. 감자를 구워서 양념에 무치기만 하는 간단한 반찬이라고 하시지만, 엄마가 해주시는 그 맛이 최고인 것 같아요!

만드는 시간 15분

2인분

난이도

칼로리 112Kcal

이렇게 필요해요

대표재료 감자(1개), 식용유

구이양념 진간장(1큰술), 고춧가루(1/2작은술), 다진마늘(1/2작은술), 다진파(1작은술), 통깨(1/2작은술)

1 감자를 썰어 찬물에 10분 정도 담가 전분기를 빼고, 종이타월로 물기를 없애주세요.

2 가열한 팬에 식용유를 넉넉히 두르고, 앞뒤로 노릇하게 구워주세요.

3 큰 그릇에 구운 감자를 담고, 구이 양념장을 만들어 넣고 골고루 무쳐줍니다.

친절한 비법전수

참기름은 따로 넣지 마세요. 감자를 기름에 구운 거라서 참기름을 넣으면 자칫 느끼해질 수가 있어요.

이재료의 효능은?

감자는 소화가 잘 되고 위장을 보호하는 효능을 가지고 있습니다. 그리고 식이섬유소가 풍부하고 대장의 운동을 자극하여 변비에 좋으며, 몸 안에 남에 있는 염분을 밖으로 배출시키는 효능을 가지고 있습니다. 또한 감자는 다양한 영양 성분이 풍부하면서도 칼로리가 낮아 다이어트 식품으로도 훌륭합니다.

비린내 없이 매콤한

고갈비구이

고등어를 노릇하게 익혀서 매콤하게 양념장을 발라 구운 반찬이에요. 윤기가 나면서 더욱 먹음직스럽게 보이게 하려면 구이 양념장을 조금 남겨둔 다음 마지막에 발라주세요.

친절한 비법전수

쌀뜨물과 양파 간 것에 담궈 두면 고등어의 비린내가 없어지고, 짠맛이 빠지면서 더 맛있어져요.

만드는 시간 40분

2인분

난이도 ★★★

칼로리 378Kcal

이렇게 필요해요

대표재료 자반고등어(1마리), 실파(조금), 식용유(조금) **담금물** 쌀뜨물(3컵), 양파 간 것(2큰술), 청주(2큰술), 다시마(5cm 1장) **구이양념** 고추장(1작은술), 고춧가루(2/3큰술), 물엿(1작은술), 청주(1큰술), 참기름(1큰술), 다진마늘(1작은술), 다진파(1큰술), 생강가루(1/4작은술), 통깨(1/2작은술)

1 자반고등어는 손질해서 흐르는 물에 씻고, 담금물에 20분 정도 담가 둔 다음, 물기를 제거하세요.

2 가열한 팬에 식용유를 두르고, 껍질부분부터 중간불에서 익히고, 뒤집어 약한불로 속까지 익히세요.

3 고등어가 익었으면 구이양념을 만들어서 흰 살 쪽에 올려 골고루 펴주고, 뒤집어 약한불에서 살짝만 구워주세요.

4 실파를 송송 썰어서 얹어줍니다.

이재료의 효능은?

고등어에는 양질의 단백질과 양질의 지방산이 풍부하여 심장병을 예방하고 치료하는데 좋습니다. 고등어의 불포화 지방산인 EPA와 DHA는 콜레스테롤을 낮추어 동맥경화와 고혈압을 예방합니다. 특히 DHA 성분은 기억력 향상과 두뇌 발달에 좋습니다.

비린 맛이 어디로 갔지?

고등어카레구이

고등어에 카레가루를 뿌려서 구웠어요.
카레향이 고등어의 비린 맛을 없애주니 색다른 맛을 즐길 수 있어요.

만드는 시간 20분

2인분

난이도

칼로리 542Kcal

이런게 필요해요

대표재료 고등어(1마리), 식용유

구이양념 카레가루(2큰술), 생강즙(1작은술)

1 고등어는 머리, 꼬리, 지느러미를 제거하고 흐르는 물에 씻은 후, 키친타월로 물기를 닦아내세요.

2 생강즙을 먼저 골고루 뿌리고, 카레가루를 뿌려서 10분 정도 두세요.

3 가열한 팬에 식용유를 두르고 중간불에서 껍질쪽부터 먼저 익힌 다음, 뒤집어서 약한불로 카레 뿌린 면을 노릇하게 구우세요.

이 재료의 효능은?

카레의 주재료는 강황이라는 뿌리 식물입니다. 카레에는 쿠르쿠민 성분이 있어 두뇌발달과 기억력을 좋게 하며, 특히 치매 예방과 치료에 좋은 효능이 있습니다. 그리고 카레에는 고추를 비롯하여 후추, 생강, 마늘 등의 향신료가 들어 있는데, 이것들은 체내의 지방을 분해하며, 비만 예방에 아주 좋습니다. 무엇보다도 카레의 강황은 암을 예방하고 암세포의 확산을 막는데 효과적입니다.

담백함에 반했어요!

꽁치구이

꽁치를 그대로 석쇠에 구워 느끼하지 않고 담백한 맛이 살아있는 구이예요.
꽁치의 껍질에 영양가가 많으니 노릇하게 구워서 맛있게 드세요.

만드는 시간 20분

2인분

난이도

칼로리 262Kcal

이런게 필요해요

대표재료

꽁치(2마리), 레몬즙(조금), 굵은소금(조금)

1 꽁치는 배를 갈라 내장과 지느러미를 제거하고, 흐르는 물에 씻은 다음 물기를 빼주세요.

2 골고루 잘 익게 칼집을 여러 군데 내서 레몬즙과 소금을 골고루 뿌려주세요.

석쇠를 충분히 달궈야 껍질이 벗겨지지 않아요.

3 석쇠를 달군 후, 꽁치를 얹어 센불에서 타지 않도록 먹음직스럽게 구워주세요.

친절한 비법전수

석쇠에 생선을 구울 때는 석쇠를 충분히 달군 다음, 여러 번 뒤집지 말고 한쪽 면을 다 익힌 다음 뒤집어서 반대쪽을 구워야 모양이 흐트러지지 않아요.

이재료의 효능은?

꽁치에는 불포화 지방산인 EPA와 DHA가 많이 들어 있습니다. EPA는 혈전을 방지하여 뇌경색과 심근경색을 예방하고, DHA는 뇌를 활성화시켜 두뇌 발달에 좋으며, 중성 지방을 낮추는 효과가 있습니다. 또한 혈액을 맑게 하여 동맥경화 예방에 좋은 식품입니다. 꽁치에는 칼슘과 인이 풍부하며, 칼슘의 흡수력을 높이는 비타민D도 많아 뼈를 튼튼하게 만들고, 골다공증 예방에 좋습니다.

김처럼 구워먹는

뱅어포구이

뱅어포에 양념을 해서 김처럼 구워서 먹는 반찬이에요.
칼슘의 왕인 뱅어포도 많이 먹어서 건강까지 챙기세요.

만드는 시간 25분

6인분

난이도

칼로리 115Kcal

이렇게 필요해요

대표재료 뱅어포(5장), 식용유

구이양념 고추장(2큰술), 고춧가루(1/2큰술), 진간장(1작은술), 물엿(2큰술), 설탕(1큰술), 청주(1작은술), 참기름(1큰술), 다진마늘(1/2큰술)

1 구이양념장을 한 곳에 만들어 두세요.

2 쟁반에 비닐팩을 잘라서 깔고, 뱅어포의 잡티를 제거해요. 양념을 앞, 뒤로 발라서 20분 정도 두세요.

3 가열한 팬에 식용유를 조금 두르고 약한불에서 한 장씩 구워 먹기 좋게 자르세요.

친절한 비법전수

양념을 발라서 바로 구우면 타기 쉬우니, 뱅어포에 양념이 배도록 꾸덕하게 말린 다음 구워요.

이재료의 효능은?

뱅어포는 칼슘의 왕이라고 불리는 멸치보다도 칼슘 함유량이 높고, 칼슘의 흡수를 도와주는 비타민D도 풍부하여 골다공증 예방에 아주 좋은 식품입니다.

좀 더 고급스럽게 먹어요!

삼치간장구이

구운 삼치에 달콤한 간장양념을 얹어서 만든 반찬이에요.
간장양념을 얹어주니 좀 더 고급스러운 요리가 되네요.

친절한 비법전수
생선을 구울 때 밀가루 옷을 입히면
물기가 생기는 것을 막아
기름이 튀는 것을 방지하고
생선살의 모양을 유지시켜줘요.

만드는 시간 25분

2인분

난이도

칼로리 208Kcal

이렇게 필요해요

대표재료 삼치(1마리), 녹말가루(1/2작은술), 밀가루(1큰술), 식용유

간장소스 진간장(2큰술), 맛술(2큰술), 물엿(1큰술), 멸치다시마국물(3큰술=물), 마른고추(1/2개), 다진마늘(1작은술), 생강가루(1/3작은술)

생선 손질 시 말린 우유팩을 도마 위에 깔면 위생적이에요.

1 삼치는 내장, 꼬리, 지느러미를 제거해서 흐르는 물에 씻고, 3등분 해주세요.

2 간장소스를 냄비에 모두 담아서 한소끔 끓이세요.

3 달군 팬에 식용유를 둘러 녹말가루와 밀가루를 묻힌 삼치를 넣고, 껍질 쪽부터 센불에서 익히다가 뒤집어 약한불에서 익히세요.

4 삼치에 한소끔 끓인 간장소스를 부어 약한불에서 조립니다.

이재료의 효능은?

등푸른 생선에는 단백질이 풍부하고, DHA 성분과 오메가3 지방산인 EPA 성분이 풍부하게 들어 있어 머리를 좋게 하고 건망증이나 심장병을 예방합니다. 또한 두피의 혈액 순환을 원활하게 하여 두피의 건강에 좋으며, 빈혈을 예방하고, 세포 재생 효능이 있으며, 염증을 예방하고 치료합니다. 등푸른 생선에는 고등어, 꽁치, 정어리, 청어, 삼치, 참치, 장어, 연어, 멸치, 뱅어 등이 있습니다.

비린 맛이 없고 담백한

삼치구이

삼치는 담백하고 비린내도 적어서 구이에 적당한 생선이에요.
다른 생선에 비해서 가시도 많지 않고, 발라 먹을 수 있는 살도 많아요.

만드는 시간 15분

2인분

난이도

칼로리 245Kcal

이렇게 필요해요

대표재료 삼치(1마리), 녹말가루(1/2작은술), 밀가루(1큰술), 식용유, 굵은소금

1 삼치는 내장, 꼬리, 지느러미를 제거해서 흐르는 물에 씻고, 뼈를 중심으로 갈라 3등분 해서 굵은소금을 뿌려 20분간 재워두세요.

2 손질한 삼치에 녹말가루와 밀가루를 섞어서 옷을 입히세요.

3 가열한 팬에 식용유를 두르고, 껍질 쪽부터 센불에서 얼른 익히다가 불을 줄이고, 뒤집어서 노릇하게 구워줍니다.

친절한 비법전수

생선을 구울 때 팬 크기만큼의 신문을 덮고 구우면 튀는 기름과 냄새를 흡수해서 깔끔하게 구울 수 있어요.

이 재료의 효능은?

삼치는 단백질과 칼슘이 풍부하여 성장기 어린이의 영양 식품으로 좋습니다. 칼륨이 많아 고혈압을 예방하고, 비타민A가 풍부하여 야맹증과 감기 예방에도 좋습니다. DHA를 많이 함유하여 어린이 두뇌 발달에 좋으며, 기억력을 향상시키고, 치매를 예방합니다.

흔한 식재료를 흔하지 않게

새송이버섯구이

쉽게 구할 수 있는 흔한 새송이버섯으로 흔하지 않게 만든 반찬이에요.
불고기양념을 발라서 구워주니 쫄깃한 버섯이 마치 고기 같은 착각이 드네요.

만드는 시간 35분

2인분

난이도

칼로리 142Kcal

이렇게 필요해요

대표재료 새송이버섯(3개=200g), 식용유

기름장 진간장(1작은술), 참기름(1큰술)

구이양념 진간장(2큰술), 갈은 배(2큰술), 갈은 양파(2큰술), 설탕(1/3큰술), 다진파(1작은술), 다진 마늘(1/3큰술), 참기름(1작은술), 깨소금(1작은술)

1 새송이버섯은 모양을 살려서 0.5cm 두께로 썰어 기름장을 발라 주세요.

2 가열한 팬에 식용유를 둘러 약한 불에서 앞뒤로 2분 정도 익히세요.

3 구이양념장을 만들어서 애벌구이 한 버섯에 골고루 발라 10분 정도 재워두세요.

4 팬을 가열하여 약한불에 놓고 다시 한 번 구워냅니다.

이 재료의 효능은?

새송이버섯은 암을 예방하고 치료하는 효능이 있으며, 비타민C가 풍부하여 노화 방지와 피부 미용에 좋습니다. 또한 위산과다를 예방하고 위를 튼튼하게 해주며, 장의 활동을 활발하게 하는 효능을 가지고 있습니다.

우아한 저녁에 어울리는

안심스테이크

쇠고기 안심은 육질이 연해서 별다른 양념 없이 스테이크로 구워먹으면 좋아요.
두툼하게 잘 익은 안심스테이크로 우아한 저녁자리를 만들어 보세요~

친절한 비법전수

스테이크 맛의 비결은
오래 익히면 질겨지니 단시간에 굽는 거예요.
센불로 익히다 육즙이 나오면 얼른 뒤집고,
불을 줄여 속까지 익히세요.

만드는 시간 20분

1인분

난이도

칼로리 617Kcal

이런게 필요해요

대표재료 쇠고기안심(200g=등심), 양송이버섯(2개), 브로콜리(1/2줌), 올리브오일(1큰술), 스테이크소스, 천일염(조금)

안심밑간 허브맛솔트(1/2작은술=소금), 레드와인(1큰술)

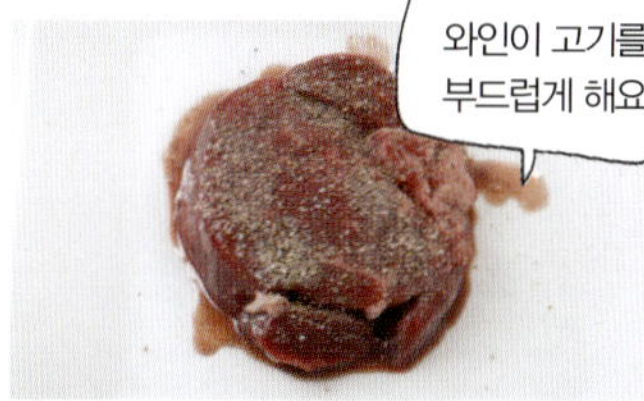

1 안심에 레드와인을 먼저 뿌리고, 허브맛솔트를 골고루 뿌려서 밑간을 해두세요.

2 브로콜리는 끓는 물에 천일염 넣어 살짝 데쳐놓고, 양송이버섯은 껍질을 벗기고 3등분 하세요.

3 가열한 팬에 올리브오일을 조금만 둘러 브로콜리와 양송이버섯을 굽고, 간이 되게 소금을 조금만 뿌리세요.

4 뜨겁게 가열한 팬에 올리브오일 1큰술 두르고 안심을 구워요. 예쁜 접시에 구운 채소와 함께 담고, 스테이크소스를 뿌립니다.

이 재료의 효능은?

양질의 단백질이 풍부한 쇠고기는 성장기 어린이의 발육, 환자나 노인의 보양식, 허약 체질의 개선에 아주 훌륭한 식품입니다. 쇠고기의 붉은살에는 철과 아연이 풍부하여 빈혈 예방과 당뇨병 예방에 좋습니다. 단, 쇠고기의 지질은 포화지방산으로 혈중 콜레스테롤을 높일 수 있기 때문에 너무 많이 먹지 말아야 합니다.

야채를 보쌈한 베이컨

베이컨야채말이

베이컨에 알록달록한 야채들을 말아서 만든 반찬이에요.
기름을 두르지 않은 팬에 베이컨을 노릇하게 구워 기름기를 한 번 빼주면 더 담백하게 먹을 수 있어요.

만드는 시간 15분

2인분

난이도

칼로리 279Kcal

이렇게 필요해요

대표재료 베이컨(8장), 노랑·주황파프리카(1/4개씩), 팽이버섯(1봉지), 깻잎(4장)

1 파프리카는 세로로 길게 썰고, 깻잎은 반으로 자르고, 팽이버섯은 파프리카 길이로 자르세요.

2 베이컨 위에 깻잎을 깔고, 그 위에 팽이버섯과 파프리카를 올려 단단하게 말아주세요.

3 달군 팬에 베이컨의 말린 끝 부분을 바닥에 먼저 놓고 약한불에서 노릇노릇하게 구워줍니다.

친절한 비법전수

파프리카는 색이 짙고 표면에 윤기가 나고 손으로 만졌을 때 단단한 것을 고르세요. 보관할 때는 물에 씻지 말고 랩으로 하나씩 포장을 해서, 냉장고 채소 칸에 넣어두면 2~3주 정도 두고 먹을 수 있어요.

이재료의 효능은?

파프리카의 비타민C는 멜라닌 색소가 생기는 것을 막아 기미, 주근깨를 예방하는 효능이 있습니다. 붉은색 파프리카에는 베타카로틴이 많이 들어 있어 면역력 강화와 암 예방에 좋고, 주황색에는 피부노화 예방과 눈에 필요한 비타민을 공급해 주며, 녹색에는 칼슘과 철분이 많이 들어 있어 빈혈 예방에 좋으며, 노란색은 피부 미용과 감기 예방에 좋은 효능을 가지고 있습니다.

한정식에서 빠지면 섭섭한

북어양념구이

북어양념구이는 북어에 매콤하게 양념장을 발라서 구운 반찬이에요.
손님상이나 잔치상에 올리면 최고로 인기 있는 밥반찬이 될 거예요.

친절한 비법전수

북어를 쌀뜨물에 담가두면, 쌀뜨물의 녹말기가 냄새를 없애고 살을 부드럽게 만들어요.

만드는 시간 40분

4인분

난이도

칼로리 118Kcal

이렇게 필요해요

대표재료 북어(1마리), 찹쌀가루(1/3컵), 쌀뜨물, 식용유

기름장 진간장(1큰술), 참기름(2큰술)

구이양념 고추장(1+1/2큰술), 고춧가루(1/2큰술), 진간장(1큰술), 물엿(1큰술), 청주(1큰술), 다진마늘(1작은술), 깨소금(1작은술)

1 북어 머리와 꼬리, 지느러미를 자르고, 쌀뜨물에 20분간 담가두세요.

2 기름장과 구이양념장을 만들어둡니다. 불린 북어의 가시를 제거하고, 4cm 길이로 잘라 껍질 쪽에 군데군데 칼집을 내주세요.

3 북어에 기름장을 골고루 바른 다음, 찹쌀가루를 묻혀서 가열한 팬에 식용유를 두르고 약한불에서 노릇하게 앞뒤로 구우세요.

4 구이양념장을 발라 식용유를 두르고 타지 않도록 다시 한 번 구워줍니다.

이재료의 효능은?

명태를 말려 북어로 만들면 단백질과 아미노산의 함량이 더욱 높아집니다. 북어는 다른 식품에 비해서 단백질 함량이 높아 간에 좋으며, 북어의 다양한 아미노산은 숙취 해소에 아주 좋은 효능을 가지고 있습니다.

Have Some more meal!
just eat

PART 5. 부침, 튀김반찬

부침반찬은 밀가루와 재료를 함께 반죽하여 기름에 얇게 부쳐서 만드는 반찬입니다. 부침을 할 때는 팬을 충분히 달군 다음 반죽을 넣어야 바삭한 전을 만들 수 있어요. 비 오는 날이면 고소한 부침개가 더 생각나는 이유는 전을 부칠 때 지글거리는 소리와 비 소리가 비슷하기 때문이라네요. 튀김반찬은 고기나 생선, 야채를 밀가루와 달걀 등으로 함께 반죽한 튀김옷을 입혀서 기름에 튀겨내는 반찬입니다. 튀김을 할 때는 온도조절을 잘해야 바삭하고 맛있는 튀김을 만들 수 있는데요. 예열한 기름에 반죽을 조금 떨어뜨려서 금방 뽀글거리며 떠오를 때 재료를 넣고 튀기면 가장 맛있는 튀김이 됩니다.

정성이 듬뿍 들어간 간식

감자크로켓

만드는데 정성이 들어가 보기도 좋고 맛도 좋은 크로켓! 어린 시절 가사시간에 기름이 튈까 조마조마하면서 만들었지만 맛은 어찌나 좋던지. 아직까지도 그 맛이 떠올라요. 어른이 되어 아련한 추억까지 더하고 정성까지 더해서 이제는 제법 그럴듯하게 솜씨를 뽐내봅니다.

만드는 시간 60분

4인분

난이도

칼로리 256Kcal

이렇게 필요해요

대표재료 감자(2개), 청피망(1/4개), 다진당근(2큰술), 양파(1/4개), 다진브로콜리(2큰술), 표고버섯(1개), 달걀(1개), 식용유

양념 볶은소금(1/2작은술), 후춧가루(조금)

튀김옷 밀가루(3큰술), 달걀(1개), 빵가루(2컵)

친절한 비법전수

식빵으로 빵가루를 낼 때는, 종이타월을 깔고 식빵을 올려서 전자레인지에 2분간 가열하면 쉽게 가루를 낼 수 있어요.

1 감자는 껍질을 까서 금방 익을 수 있게 반으로 잘라서 삶아주세요.

2 냄비에 키친타월 깔고 물은 자작하게 붓고, 달걀을 올려 물이 끓기 시작하면 9분동안 푹 삶고, 찬물에 바로 담가서 껍질을 까주세요.

3 청피망, 당근, 양파, 브로콜리, 표고버섯은 잘게 다지고, 삶은 달걀도 으깨주세요.

4 푹 익은 감자는 뜨거울 때, 넓은 그릇에 담아서 으깨주세요.

5 감자를 으깬 그릇에 다진 채소와 달걀 넣고, 소금과 후춧가루 넣어 간이 되게 섞어주세요.

6 튀기기 좋게 타원형으로 모양을 만들어서 빚어주세요.

7 밀가루-달걀물-빵가루 순으로 옷을 입히세요.

8 빵가루를 식용유에 넣었을 때 기포가 보글거리고 금방 떠오르면, 빚은 크로켓을 넣고 바삭하게 튀겨내세요.

이재료의 효능은?

감자는 소화가 잘 되고 위장을 보호하는 효능을 가지고 있습니다. 그리고 식이섬유소가 풍부하고 대장의 운동을 자극하여 변비에 좋으며, 몸안에 남에 있는 염분을 밖으로 배출시키는 효능을 가지고 있습니다.

달콤하고 고소한

고구마튀김

큼직한 고구마로 바삭하고 달콤한 튀김을 만들었어요.
고구마는 튀기면 단맛이 더 나고 노란빛이 더욱 먹음직스러워 보여요.
집에서 금방 튀긴 건강한 간식 어떠세요~

만드는 시간 30분

4인분

난이도

칼로리 253Kcal

이렇게 필요해요

대표재료 고구마(큰 것 1개), 천일염(조금), 식용유

튀김가루옷 튀김가루(1/3컵)

반죽 튀김가루(1컵), 얼음물(2/3컵)

친절한 비법전수

고구마를 끓는 물에 한 번 데쳐주면, 튀길 때 금방 튀겨지고 기름도 덜 먹어요. 튀김옷이 더 바삭하게 보이려면, 기름에 반죽을 흩뿌려서 젓가락으로 고구마를 옮겨 반죽을 따라가면서 붙여주세요.

1 고구마는 껍질을 깨끗하게 씻고, 1cm 두께로 얇게 썰어주세요.

2 끓는 물에 고구마를 넣고, 천일염도 조금 넣어 간을 한 다음, 살짝 데쳐주세요.

3 찬물에 헹구지 말고 뜨거운 김이 나가도록 체에 받쳐두세요.

4 비닐팩에 식은 고구마와 튀김가루 1/3컵을 넣고 흔들어서 튀김가루옷을 입혀주세요.

5 튀김가루 1컵에 얼음물 2/3컵을 넣고, 흰 날가루가 보이게 젓가락으로 대충 휘저어 반죽을 만드세요. 고구마를 넣고 반죽옷을 묻혀주세요.

6 달군 기름에 고구마를 넣고, 반쯤 익게 튀긴 다음 건집니다. 기름 온도를 높여서 다시 한 번 튀겨주세요.

이 재료의 효능은?

고구마에는 마그네슘이 많이 들어 있어서 혈관을 확장시키고, 나트륨을 몸 밖으로 배출시켜서 혈압을 내리는 효능이 있습니다. 식물섬유가 풍부하여 변비 개선에 도움이 되며, 피부 미용에도 좋은 식품입니다. 그리고 고구마를 찌거나 가열해도 영양 손실이 많지 않은 장점이 있습니다.

유명 맛집 부럽지 않아요!

닭강정

닭을 튀겨서 새콤달콤매콤한 양념에 버무린 닭튀김이에요. 의외로 쉬우니 부담 없이 만들어보세요. 유명 맛집에서 줄 설 필요 없이 집에서 온 가족이 맛있게 드세요.

만드는 시간 40분
2~3인분
난이도
칼로리 877Kcal

이런게 필요해요

대표재료 닭가슴살(2줌=300g), 아몬드슬라이스(2큰술), 식용유, 튀김가루(3큰술) **닭밑간** 맛술(1큰술), 볶은소금(1/2작은술), 생강가루(2/3작은술), 후춧가루(조금)
강정양념 고추장(1큰술), 케첩(1+1/2큰술), 진간장(1큰술), 맛술(1+1/2큰술), 물엿(3큰술), 설탕(1+1/2큰술), 다진마늘(1작은술), 물(5큰술) **튀김반죽** 튀김가루(1컵), 얼음물(1컵)

친절한 비법전수

바삭한 닭튀김을 만드는 비법은 닭을 두세 개씩만 넣어 2번 튀겨내고, 스테인리스로 된 망에 넣고 기름을 빼야 바삭거리는 닭튀김이 돼요. 키친타올에 튀김을 올려놓으면 오히려 더 눅눅해져요.

1 닭가슴살을 물로 한 번 씻은 후, 먹기 좋게 잘라서 밑간양념을 넣고, 20분 정도 두세요.

2 냄비에 강정양념을 모두 넣고, 바글바글 끓으면 약한불로 줄여서 잠시만 더 조리세요.

3 닭가슴살에 튀김가루 3큰술을 묻혀서 하얗게 옷을 입히세요.

요리 시작 전에 미리 냉동실에 물을 넣어두면 좋아요.

4 튀김가루와 얼음물을 1컵씩 넣어 날가루가 보이게 대충 섞어서 반죽을 만든 다음, 닭을 담가 주세요.

5 식용유에 반죽을 조금 떨어뜨려서 금방 떠오를 때 닭을 넣고 2분간 튀기고, 기름의 온도를 올린 후 다시 1분간 튀겨 기름기를 빼요.

6 미리 만들어 놓은 강정양념을 약한불로 데워서 두고, 튀김이 뜨거울 때 넣어서 골고루 버무린 다음, 아몬드슬라이스를 뿌려주세요.

이재료의 효능은?

닭고기는 단백질이 풍부해서 인체의 근육을 만드는데 아주 좋은 식품입니다. 또한 돼지고기나 쇠고기에 비해서 칼로리가 훨씬 낮아 최고의 다이어트 식품으로 각광받고 있습니다.

떡볶이와 단짝친구

김말이튀김

떡볶이 옆에는 항상 단짝친구인 김말이가 있어야 제 맛이지요.
분식집의 김말이에는 당면만 들어있지만, 집에서는 두부와 야채들을 넣어 좀 더 영양가 있게 만들어 봐요.

만드는 시간 30분

6인분

난이도

칼로리 353Kcal

이렇게 필요해요

대표재료 김(4장), 당면(1/2줌), 두부(1/6개=80g), 부추(1/2줌), 양파(1/4개), 당근(3cm 1토막), 식용유 **두부밑간** 참기름(1/2작은술), 볶은소금(조금), 후춧가루(조금) **소양념** 진간장(1큰술), 설탕(1작은술), 참기름(1작은술), 통깨(1작은술) **튀김반죽** 달걀(1/2개), 튀김가루(1/2컵), 얼음물(1/2컵)

친절한 비법전수

보관해 둔 튀김을 금방 한 것 같이 바삭하게 먹을 수 있는 방법이 있어요. 접시에 키친타월을 깔고 그 위에 튀김을 올려놓고 전자레인지로 데운 다음, 실온에서 잠시만 두면 돼요.

1 두부는 물기를 없애고 으깬 다음 밑간을 해두고, 부추는 2cm 길이로 썰고, 양파와 당근은 잘게 다져주세요.

2 끓는 물에 당면을 넣고 부드럽게 삶은 다음, 그대로 체에 담아서 물기를 빼고 먹기 좋게 3번 정도 가위질을 해주세요.

3 가열한 팬에 식용유를 조금 두르고, 양파와 당근을 넣고 볶다가 두부, 당면, 부추를 넣고, 간이 되게 소양념도 넣어서 살짝만 더 볶아주세요.

4 김은 1/2로 잘라서 펼쳐놓고, 볶아놓은 소를 얹어 김 양쪽 끝을 접어 올려 소양념이 빠져나오지 않게 돌돌 말아 놓아요.

5 튀김반죽을 만든 다음 김말이를 풍덩 담가 주세요.

6 가열한 식용유에 반죽을 조금 떨어뜨려 금방 뽀글거리면서 올라오면, 김말이를 집어넣고 바삭하게 튀겨내세요.

이 재료의 효능은?

김에는 베타카로틴 성분이 풍부하여 눈을 보호하고 건강하게 해주며, 포르피오신 성분은 궤양을 예방합니다. 또한 김에는 타우린 성분이 있어 콜레스테롤을 감소시키고, 동맥경화와 고혈압 예방에도 효능이 있습니다.

만만하게 시작해보세요!

새우튀김

고소하고 바삭하게 입맛을 당기는 새우튀김은 집에서 해 먹기엔 조금 부담 되지요?
그러나 몇 가지만 주의하면 근사한 새우튀김을 쉽게 만들 수 있어요. 자, 이제 시작해 볼까요!

만드는 시간 30분

3인분

난이도 ⭐⭐

칼로리 232Kcal

이렇게 필요해요

대표재료 새우(중하=10마리), 식용유, 튀김가루(3큰술)

새우밑간 청주(1큰술), 소금(조금), 후춧가루(조금)

튀김반죽 튀김가루(1/2컵), 얼음물(1/2컵), 달걀(1개)

친절한 비법전수

새우를 튀길 때 꼬리 쪽에 물주머니를 없애줘야 기름이 튀지 않아요. 또한 껍질을 깔 때는 머리 쪽의 두 번째 등껍질 사이를 양손으로 벌려서 잡아당기면 쉽게 까져요.

배쪽에 사선으로 칼집을 몇 군데 내면
튀길 때 꼬부라지는 것을 막을 수 있어요.

1 새우는 연한 소금물에 씻어서 세모모양의 물주머니를 잘라내고, 꼬리쪽 한마디 껍질만 남기고 나머지 껍질을 벗겨주세요.

2 청주, 소금, 후춧가루를 조금 뿌려서 밑간을 10분 정도 해두세요.

3 애벌로 튀김가루를 묻히세요.

4 튀김가루에 달걀, 얼음물을 넣고 젓가락으로 탁탁 치듯이 몇 번만 저어 튀김반죽을 만들어요. 새우를 풍덩 담가 튀김옷을 입히세요.

5 반죽을 떨어뜨려 바로 기포가 발생하면서 떠오를 때, 새우를 넣어 바삭하게 튀겨주세요.

이재료의 효능은?

새우는 영양이 풍부한 고단백 저칼로리 식품입니다. 타우린이 풍부하여 고혈압에 좋으며, 칼슘이 풍부하여 골다공증을 예방하고 어린이 성장 발육에 좋습니다. 새우의 키토산은 혈중 콜레스테롤 수치를 낮추는 효능을 가지고 있습니다.

쫄깃쫄깃 바삭바삭한

오징어튀김

내용물은 쫀득하고 튀김옷은 바삭한 오징어튀김이에요.
길쭉하게 잘라서 빵가루 대신 튀김옷만 묻혀서 튀겨도 맛있어요.

만드는 시간 30분

4인분

난이도 ★★★

칼로리 210Kcal

이런게 필요해요

대표재료 오징어(중간크기 2마리), 튀김가루(4큰술), 빵가루(1컵)

밑간 청주(1큰술), 소금(조금), 후춧가루(조금)

튀김반죽 튀김가루(1컵), 얼음물(2/3컵)

친절한 비법전수

오징어는 수분이 많아서 물기를 제거해야 튀길 때 기름이 튀지 않아요. 또한 오징어 껍질을 벗기면 튀길 때 기름이 덜 튀어요.

1 오징어는 내장을 제거하고 깨끗이 씻은 다음, 링 모양으로 썰어서 청주와 소금, 후춧가루로 밑간을 해서 10분 정도 두세요.

2 비닐팩에 튀김가루 4큰술을 넣고, 골고루 섞어주세요.

3 튀김가루와 얼음물을 넣고, 젓가락으로 설렁설렁 저어 반죽을 만들어서 오징어를 담가주세요.

4 빵가루 1컵을 넓은 접시에 붓고, 오징어에 빵가루를 묻혀주세요.

5 반죽을 조금만 떨어뜨려서 바로 떠오를 때 오징어를 넣고 한번 슬쩍 튀긴 다음 건집니다. 기름 온도를 높여서 다시 한 번 튀겨내세요.

이 재료의 효능은?

오징어 자체가 콜레스테롤이 높은 음식에 속하지만 타우린 성분도 함께 가지고 있어 큰 걱정할 필요가 없습니다. 오징어의 타우린은 피로 회복과 콜레스테롤을 감소시키는 효과가 있습니다. 타우린이 당뇨와 성인병을 예방합니다. 타우린은 우리들이 많이 마시는 피로 회복제 음료의 주요 성분이라고 합니다. 또한 오징어에는 DHA가 풍부하여 두뇌 발달과 치매 예방에 좋은 식품입니다.

반짝반짝 빛나는

고구마맛탕

고구마를 바삭하게 튀겨서 달콤한 시럽에 버무린 추억의 간식이에요.
고구마맛탕은 시간이 지날수록 눅눅해지니 바로 드셔야 더 맛있어요.

만드는 시간 30분

4인분

난이도

칼로리 375Kcal

이렇게 필요해요

대표재료 고구마(3줌=460g), 아몬드슬라이스(2큰술), 식용유

버무림양념 황설탕(1큰술), 물(3큰술), 물엿(2큰술=조청2큰술)

1 고구마는 길쭉하게 잘라서 찬물에 10분간 담가서 전분기를 빼주고, 키친타월로 물기를 없애주세요.

2 달군 기름에 고구마를 넣어 반쯤 익었을 때 꺼내고, 기름의 온도를 높여서 다시 한 번 튀겨주세요.

3 중불에서 먼저 물과 황설탕을 넣고, 젓지 말고 그대로 녹을 때까지 기다렸다가 물엿을 넣어주세요.

4 버무림 양념이 바글거리면 불을 끄고, 고구마와 아몬드슬라이스를 넣고 버무리세요.

친절한 비법전수

고구마맛탕이 금방 딱딱해지지 않으려면, 시럽을 만들 때 설탕을 넣고 젓지 말고, 녹을 때까지 가만히 두세요.

이재료의 효능은?

고구마에는 마그네슘이 많이 들어 있어서 혈관을 확장시키고, 나트륨을 몸 밖으로 배출시켜서 혈압을 내리는 효능이 있습니다. 식물섬유가 풍부하여 변비 개선에 도움이 되며, 피부 미용에도 좋은 식품입니다. 그리고 고구마를 찌거나 가열해도 영양 손실이 많지 않은 장점이 있습니다.

매콤한 과자반찬

고추부각

언제나 느끼는 거지만 고추부각은 맛있게 냠냠거리면서 먹다가 마지막에 꼭 매운 고추가 걸려서 입안이 얼얼해져요. 작은 고추가 맵다는 것을 기억하라는 걸까요? 바삭하고 고소하고 매콤한 고추부각을 만들어 보세요.

만드는 시간 15분
4인분
난이도
칼로리 110Kcal

이런게 필요해요

대표재료 말린고추(2줌), 식용유
양념 설탕(2작은술), 고운소금(1작은술), 깨소금(1작은술)

1 밀가루옷을 입혀서 말린 고추를 준비해 주세요.

고추가 금방 타버리니 약한불에서 재빨리 튀기세요.

2 기름이 달구어지면 고추를 넣고, 빵그레지면서 노릇해지면 얼른 꺼내서 기름을 빼주세요.

3 튀긴 고추를 미지근하게 식힌 후, 비닐팩에 넣고, 설탕과 소금, 깨소금이 잘 섞이도록 흔들어 주세요.

친절한 비법전수

고추부각을 만드는 방법은 먼저 풋고추를 반으로 갈라서 고추씨를 털어내고, 소금물에 담가 매운 맛을 빼주세요. 밀가루나 튀김가루를 묻혀서 김 오른 찜통에서 5분 정도 찐 다음, 햇빛에 바짝 말리면 돼요.

이재료의 효능은?

고추에는 비타민C와 비타민A가 풍부하여 면역력을 높이고 감기를 예방합니다. 고추에 들어있는 카로틴과 캡사이신 성분은 통증을 완화시켜주고 여러 암을 예방합니다. 고추가 맵다고 해서 위장을 다치게 하는 것은 아닙니다. 고추를 적당히 먹는다면 오히려 위 점막을 보호하는 효능이 있습니다.

갑상선질환 예방에 좋은

다시마튀각

가을이 되면 엄마는 큰딸이 좋아한다면서 일부러 다시마튀각을 해두세요. 말도 살이 찐다는 가을! 학교에서 돌아와서 먹는 다시마튀각은 잊을 수 없는 추억의 맛이에요.

만드는 시간 15분

6인분

난이도

칼로리 57Kcal

이렇게 필요해요

대표재료 다시마(2줌), 식용유

양념 설탕(2큰술)

1 다시마는 사방 3cm 정도로 잘라서 면보로 이물질을 깨끗하게 닦아주세요.

2 기름이 달구어지면 다시마를 넣고, 황색을 띠면 얼른 꺼내서 기름기를 빼주세요.

식혀서 설탕을 뿌리면 잘 붙지 않고 떨어져요.

3 다시마가 뜨거울 때 설탕을 솔솔 뿌려서 골고루 섞어주세요.

이재료의 효능은?

다시마의 끈적끈적한 성분인 알긴산이 콜레스테롤과 혈압 수치를 낮추어 줍니다. 피를 맑게 하고 신진대사를 활발하게 하여 노화를 예방해줍니다. 식이섬유소를 많이 가지고 있어 변비 예방에 좋으며, 칼슘을 많이 함유하고 있어 골다공증 예방에도 훌륭한 식품입니다. 특히 다시마는 갑상선 질환 예방에 좋은 식품 중 하나로 알려져 있습니다.

알록달록 새콤달콤

탕수육

돼지고기를 바삭하게 튀겨서 새콤달콤한 소스와 같이 먹는 요리예요. 파인애플의 신맛이 고기와 잘 어울리고, 같이 먹으면 소화가 잘 돼요.

만드는 시간 50분

4인분

난이도

칼로리 481Kcal

이렇게 필요해요

대표재료 돼지고기안심(2줌=320g), 파인애플(1줌), 피망(1/2개), 당근(1/4개), 양파(1/4개) **고기밑간** 청주(1큰술), 진간장(1/3큰술), 소금(1/3큰술), 생강가루(1작은술), 후춧가루(조금) **반죽** 녹말가루(2/3컵), 찬물(2/3컵), 달걀흰자(1개분), 식용유(1큰술) **탕수소스** 물(1+1/2컵), 진간장(2큰술), 설탕(4큰술), 식초(4큰술), 녹말물(녹말2큰술+물2큰술), 참기름(1/2작은술)

1 돼지고기는 1cm 너비로 길게 썰어 밑간을 해서 20분 이상 재우고, 파인애플과 피망, 당근, 양파는 한 입 크기로 썰어주세요.

2 녹말가루와 찬물을 2/3컵씩 섞어 녹말이 가라앉으면 물만 따라내고, 흰자와 식용유를 넣어 반죽을 만든 다음, 고기를 넣고 버무려요.

3 반죽을 조금만 떨어뜨려서 바로 떠오를 때, 돼지고기를 넣어 살짝 튀긴 다음 건져내세요. 기름 온도를 높여 한 번 더 튀겨요.

4 냄비에 물, 진간장, 설탕, 식초 넣고 끓여요. 썰어 둔 재료를 넣고 한소끔 끓여 녹말물을 넣어 걸쭉하게 하고, 참기름을 넣어요.

이 재료의 효능은?

당근에는 베타카로틴이라는 성분이 들어 있어서 여러 가지 암을 예방합니다. 특히 식도암에 좋습니다. 이 베타카로틴은 날 것으로 먹는 것보다 기름에서 조리하면 흡수율을 더 높일 수 있습니다. 또한 당근에는 비타민A가 풍부하게 들어 있어 피부를 건강하게 하며, 눈의 피로를 감소시켜 시력을 보호하고, 몸의 피로를 해소하고 면역력을 강화시킵니다.

우유가 들어가 부드러운

돈가스

우유에 한 번 풍덩 담가서 부드럽고, 노른자에 또 한 번 풍덩 담가서 고소한 돈가스를 만들었어요. 돈가스를 먹을 때 곁들이는 채 썬 양배추는 기름에 튀긴 돈가스와 궁합이 잘 맞아서 같이 먹으면 소화가 잘 된다고 해요.

친절한 비법전수

달걀흰자는 빼고 노른자만 넣으면 내용물을 더 고소하게 하는 역할을 해요.

만드는 시간 40분

4인분

난이도 ★★

칼로리 574Kcal

이렇게 필요해요

대표재료 돼지고기등심(2장=250g), 우유(1/3컵), 시판 돈가스소스

고기밑간 맛술(1큰술), 소금(1/3작은술), 후춧가루(조금)

빵가루옷 밀가루(1/2컵), 달걀노른자(3개분), 빵가루(1컵)

1 두툼하게 썬 등심은 칼등으로 두드리고, 맛술과 소금, 후춧가루를 뿌려서 10분 정도 밑간을 해두세요.

2 고기를 부드럽게 하기 위해서 우유에 20분간 더 담가주세요.

3 밀가루–달걀노른자–밀가루–달걀노른자–빵가루 순으로 옷을 입히세요.

4 반죽을 떨어뜨려 바로 기포가 발생하면서 떠오를 때 고기를 집어넣어, 앞뒤로 바삭하게 4분 정도 튀겨요.

이재료의 효능은?

돼지고기의 불포화 지방산은 폐에 쌓인 미세 먼지와 독성 물질을 해독합니다. 돼지고기에는 다른 고기에 비해서 비타민B군이 많이 들어 있어 피부에 탄력을 주고, 근육과 신경의 피로를 회복시켜 줍니다. 또한 철, 칼륨, 인 등이 풍부하여 성장기의 어린이와 수험생에게 좋은 영양 식품입니다.

밥반찬으로 변신한

새우양념튀김

새우를 한 번 튀겨서 달작한 간장양념에 버무린 밥반찬이에요.
새우의 껍질까지 통째로 먹어서 건강에도 좋고요. 아이들 입맛에도 잘 맞아요.

만드는 시간 30분

4인분

난이도

칼로리 196Kcal

이렇게 필요해요

대표재료 새우(중하=15마리), 녹말가루(5큰술), 청고추(1/2개), 홍고추(1/2개), 다진양파(1큰술), 식용유

간장양념 진간장(1큰술), 물엿(1작은술), 맛술(1큰술), 매실액(1작은술=설탕1/2작은술)

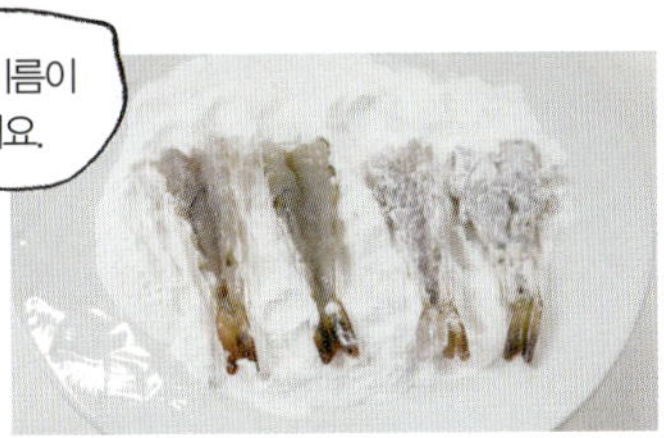

1 새우는 머리와 다리를 떼어내고 껍질 째 손질해서 연한 소금물에 씻고, 고추와 양파는 잘게 다져요.

2 넙적하게 편 새우살에 녹말가루를 가볍게 묻혀주세요.

3 녹말가루를 떨어뜨려 바로 기포가 생기면서 떠오를 때, 새우를 넣어 바삭하게 튀긴 다음, 체에 받쳐서 식혀주세요.

4 팬에 식용유를 두르고, 먼저 양파와 고추를 넣어 볶은 다음, 간장양념과 새우를 넣어 버무려요.

이 재료의 효능은?

새우는 영양이 풍부한 고단백 저칼로리 식품입니다. 타우린이 풍부하여 고혈압에 좋으며, 칼슘이 풍부하여 골다공증을 예방하고 어린이 성장 발육에 좋습니다. 새우의 키토산은 혈중 콜레스테롤 수치를 낮추는 효능을 가지고 있습니다.

뒤집을 땐 과감하게 착!

해물파전

해물과 파를 넣고 고소하게 달걀물을 올려 구운 푸짐한 전이에요. 파는 익으면 단맛이 나면서 입맛을 돋우는 역할을 해요. 뒤집기가 힘들지만 과감하게 한 번에 착 뒤집어보세요.

만드는 시간 35분

4인분

난이도

칼로리 831Kcal

이렇게 필요해요

대표재료 오징어(1/2마리), 굴(1/2컵), 쪽파(4줌), 새우(1줌=150g), 청양고추(2개), 홍고추(2개), 달걀(2개), 밀가루, 청주(3큰술), 식용유

부침반죽 부침가루(1컵), 얼음물(1컵)

친절한 비법전수

해물파전에 달걀을 뿌릴 때는 재료가 어느 정도 익은 다음, 뒤집기 직전에 뿌려야 고소하고 먹음직스럽게 보여요. 일찍 뿌려놓으면 너무 굳어버려 맛이 제대로 나지 않아요.

1 오징어는 내장을 제거해서 자르고, 굴과 새우는 연한 소금물에 살살 흔들어서 씻어요. 냄비에 물을 붓고 끓기 시작하면 각각의 해산물을 넣고, 청주 1큰술씩 넣어 살짝 데쳐주세요.

2 쪽파는 시든 줄기를 다듬어서 깨끗하게 씻은 다음, 밀가루를 뿌려서 가볍게 버무려두세요.

3 고추는 어슷하게 썰어주고, 데친 해산물도 물기를 빼서 두고, 부침가루와 얼음물을 넣고 반죽을 해두세요.

4 가열한 팬에 식용유를 두르고, 쪽파를 올려요. 약한불로 줄여서 반죽을 한 국자 떠서 가장자리부터 얇게 부어주세요.

5 해물을 골고루 올리고, 뒤집을 정도로 전이 익으면 달걀을 풀어서 재료가 잘 엉킬 수 있도록 뿌려주세요.

6 장식으로 고추를 올리고 뒤집게로 살짝 눌러준 다음, 한 번에 착 뒤집어서 고소하게 부쳐주세요.

이재료의 효능은?

쪽파는 음식의 소화를 돕고, 몸을 따뜻하게 해주는 효능이 있습니다. 또한 감기를 예방하고, 스트레스와 피로를 해소하며, 항암 효과를 가지고 있습니다. 콜레스테롤과 중성 지방의 축적을 막고, 혈액이 잘 돌도록 돕기 때문에 고혈압과 동맥경화를 예방합니다.

깻잎 향과 고추의 매콤함이 어우러진

깻잎전과 고추전

깻잎과 고추에 고기소를 넣고 고소하게 부친 전이에요. 매콤한 고추와 깻잎향이 은은하게 나서 맛있어요. 많이 만들어서 냉동실에 두면 밥반찬이나 술안주로 요긴하게 먹을 수 있어요.

만드는 시간 30분

6인분

난이도

칼로리 165Kcal

이렇게 필요해요

대표재료 깻잎(10장), 풋고추(6개), 다진돼지고기(1줌=100g), 양파(1/4개), 두부(1/4모), 당근(1/4개), 다진파(3큰술) **고기밑간** 청주(1큰술), 생강가루(1/4작은술), 볶은소금(1/4작은술), 후춧가루(조금) **소양념** 달걀(1개), 다진마늘(1큰술), 참기름(1큰술), 깨소금(1큰술), 볶은소금(1/3작은술) **전옷** 밀가루(4큰술), 달걀(2개)

친절한 비법전수

깻잎을 씻을 때는 식초 한 방울을 떨어뜨린 물에 담갔다가 흐르는 물에 한 장씩 씻어주고, 윤이 나는 앞면이 아래로 가게 겹쳐 놓으면 물기가 잘 빠져요.

1 다진돼지고기에 청주와 생강가루, 소금, 후춧가루를 넣고 잘 섞어 밑간을 해두세요.

2 깻잎은 깨끗이 씻고, 고추도 씻어 길게 반으로 갈라서 씨를 털어 내고, 양파와 당근은 잘게 다지고, 두부는 물기를 없애주세요.

3 넓은 그릇에 밑간한 고기와 두부, 양파, 당근, 다진파를 넣고, 소양념을 모두 넣어서 두부를 으깨가면서 골고루 버무려주세요.

4 고추와 깻잎 안쪽에 밀가루를 묻혀서 양념한 소를 적당히 넣어요. 깻잎에는 반쪽만 소를 넣고 반으로 접어주세요.

5 내용물로 꽉 채운 고추와 깻잎은 먼저 밀가루를 가볍게 묻히고, 달걀을 풀어서 노란 옷을 입히세요.

6 가열한 팬에 식용유를 두르고, 약한불에서 노릇노릇하게 부쳐주세요.

이재료의 효능은?

깻잎의 푸른색을 구성하는 파이톨 성분은 몸 안에 들어온 세균을 없애는 대식 세포와 암세포만을 골라서 공격하는 자연 살해 세포의 활동을 도와주는 아주 훌륭한 항암 효과를 가지고 있습니다. 특히 위암 예방에 탁월한 효과가 있습니다. 깻잎은 다른 채소류와 비교해서 철분과 칼슘이 많이 들어 있어서 빈혈과 골다공증 예방에도 좋습니다.

쫀득쫀득하고 고소한

감자부추전

감자와 부추를 넣고 쫀득하고 바삭하게 구운 감자전이에요. 감자전은 초여름 햇감자를 갈아서 먹어야 제일 맛있는 거 같아요. 통통한 부추의 향이 진한 감자전으로 고소함을 맛보세요.

만드는 시간 25분

4인분

난이도

칼로리 125Kcal

이렇게 필요해요

대표재료 감자(5개=400g), 부추(1/2줌), 풋고추(1개=청량고추1개), 홍고추(1/2개), 식용유

반죽 부침가루(1컵), 물(2큰술), 볶은소금(조금)

1 감자는 껍질을 까서 강판에 곱게 갈고, 부추는 3cm 길이로 자르고, 고추는 잘게 다져주세요.

2 갈아놓은 감자에 부침가루, 물 2큰술, 소금을 조금 넣어 간을 맞춘 다음 섞어주세요.

3 먹기좋게 자른 부추와 잘게 썬 고추를 넣고, 다시 한 번 버무리세요.

4 가열한 팬에 식용유를 넉넉히 두르고, 한 국자씩 떠서 얇게 편 다음 중간불에서 지지세요.

친절한 비법전수

감자전의 반죽은 뻑뻑해야 쫀득하고 바삭한 전이 돼요. 감자를 갈면 수분이 나오기 때문에 반죽을 할 때 물은 조금만 넣어 주세요.

이재료의 효능은?

중국의 황후인 서태후가 즐겨 먹었다고 하는 부추는 스태미나에 좋은 대표적인 음식 중 하나입니다. 부추 특유의 향을 내는 성분이 암을 예방하고 소화 기능을 도와줍니다. 베타카로틴, 클로로필 등의 성분이 들어 있어 유해 활성 산소를 해독하고 노화를 방지합니다. 또한 부추는 단백질, 지방, 칼슘, 철분, 인, 비타민 등 다양한 영양을 가지고 있습니다.

감자의 색다른 변신

감자채구이

감자를 채 썰어서 그대로 쫀득하게 구웠어요. 밀가루 없이도 감자의 붙임성으로 모양이 자연스럽게 만들어져요. 아이들 간식으로도 좋은 순수한 감자구이에요.

만드는 시간 20분

20인분

난이도

칼로리 136Kcal

이렇게 필요해요

대표재료 감자(2개), 식용유

양념 부침가루(1큰술), 달걀(1개), 고운 소금(조금), 파슬리가루

1 감자는 껍질을 까고, 가늘게 채 썰어서 찬물에 잠시 담가주세요.

2 감자채는 체에 받쳐 물기를 빼주고, 키친타월로 남은 물기를 없애주세요.

3 감자채에 부침가루와 달걀, 고운 소금을 넣고 골고루 섞어주세요.

4 가열한 팬에 식용유를 두르고, 약한불에서 서로 잘 붙게 구워주세요. 앞뒤로 노릇하게 익으면 파슬리가루를 뿌려주세요.

친절한 비법전수

감자채가 가늘수록 서로 서로 잘 붙어요. 구울 때는 약한불에서 형태를 만들어가면서 노릇하게 익히세요. 여러 번 뒤집으면 감자채가 흐트러지니 한두 번 뒤집어요.

이재료의 효능은?

감자는 소화가 잘 되고 위장을 보호하는 효능을 가지고 있습니다. 그리고 식이섬유소가 풍부하고 대장의 운동을 자극하여 변비에 좋으며, 몸 안에 남에 있는 염분을 밖으로 배출시키는 효능을 가지고 있습니다. 또한 감자는 다양한 영양 성분이 풍부하면서도 칼로리가 낮아 다이어트 식품으로도 훌륭합니다.

어린이 입맛에 맞춘

고구마치즈구이

고구마치즈구이는 밀가루대신 고구마로 만든 부침개예요. 고소한 치즈와 우유를 넣어서 영양까지 듬뿍 들어가고, 아이들의 입맛에 맞게 만들었어요. 건포도와 같이 곁들여 먹으면 더 달달한 맛이 나요.

만드는 시간 30분

4인분

난이도

칼로리 183Kcal

이렇게 필요해요

대표재료 고구마(큰 것1개=320g), 식용유

반죽 달걀(1개), 우유(1/2컵), 부침가루(1큰술), 볶은소금(조금), 치즈(2장)

1 찜통에 물을 붓고, 고구마는 껍질을 벗겨서 넣고 푹 삶아주세요.

2 푹 쪄진 고구마는 한 김 식혀서 대충 으깨주세요.

3 고구마에 달걀과 우유, 부침가루, 볶은 소금을 넣어 반죽을 만든 다음, 치즈를 작게 잘라서 넣어주세요.

4 가열한 팬에 식용유를 두르고, 한 숟가락씩 떠서 치즈가 타지 않게 약한불에서 노릇노릇하게 익혀주세요.

이재료의 효능은?

고구마에는 마그네슘이 많이 들어 있어서 혈관을 확장시키고, 나트륨을 몸 밖으로 배출시켜서 혈압을 내리는 효능이 있습니다. 식물섬유가 풍부하여 변비 개선에 도움이 되며, 피부 미용에도 좋은 식품입니다. 그리고 고구마를 찌거나 가열해도 영양 손실이 많지 않은 장점이 있습니다.

동글동글 영양까지 예쁘게 빚어요.

고기두부완자전

고기와 갖가지 재료를 넣고 동그랗게 빚어서 구운 전이에요. 동그랑땡이라고 불리는 완자는 명절 때 많이 만드는데요. 평소에 만들어서 냉동보관하면 반찬 걱정을 덜 수 있어요.

만드는 시간 20분

4인분

난이도

칼로리 208Kcal

이렇게 필요해요

대표재료 다진돼지고기(1줌=100g), 두부(1/4모), 다진양파(3큰술), 다진파(2큰술), 다진당근(2큰술), 청량고추(1개), 식용유 **완자양념** 다진마늘(1큰술), 깨소금(1/2큰술), 볶은소금(조금), 후춧가루(조금), 참기름(1/2큰술) **완자옷** 밀가루(2큰술), 달걀(1개)

1 다진 고기에 물기를 제거한 두부, 양파, 당근, 파, 청량고추를 다져서 넣고, 참기름을 뺀 완자양념도 넣으세요.

2 다진 재료들을 손으로 으깨서 골고루 버무린 다음, 참기름을 넣어 고소함을 더해주세요.

3 완자를 둥글고 납작하게 빚은 다음, 밀가루를 먼저 묻히고 달걀을 풀어서 완자를 담가 노랗게 옷을 입히세요.

4 가열한 팬에 식용유를 두르고, 약한불에서 고소하게 익혀주세요.

친절한 비법전수

남은 완자는 한 끼에 먹을 만큼씩 소포장을 해서 냉동실에 얼려 두세요. 그리고 먹기 전에 전자레인지로 해동을 해서 팬에 기름을 조금만 둘러 데워 먹으면 돼요.

이 재료의 효능은?

돼지고기의 불포화 지방산은 폐에 쌓인 미세 먼지와 독성 물질을 해독합니다. 돼지고기에는 다른 고기에 비해서 비타민B군이 많이 들어 있어 피부에 탄력을 주고, 근육과 신경의 피로를 회복시켜 줍니다. 또한 철, 칼륨, 인 등이 풍부하여 성장기의 어린이와 수험생에게 좋은 영양 식품입니다.

고추장이 들어간 빨간 부침개

고추장떡

장떡은 고추장이나 된장을 넣어서 만든 부침개로 반찬으로 먹을 수 있어요.
장떡이 맵다면 옥수수콘을 넣어도 되고, 냉장고의 다른 채소들도 잘게 다져서 넣어 보세요.

만드는 시간 15분

4인분

난이도

칼로리 179Kcal

이렇게 필요해요

대표재료 밀가루(1컵), 깻잎(5장), 고추(1/2개), 표고버섯(1개), 다진양파(2큰술), 다진당근(2큰술), 옥수수콘(2큰술), 달걀(1개), 식용유

부침양념 고추장(3큰술), 물(3큰술)

1 깻잎은 잘게 자르고, 고추와 표고버섯, 양파, 당근은 잘게 다지고, 옥수수콘은 국물을 빼서 준비해주세요.

2 밀가루에 달걀을 깨뜨리고, 고추장 3큰술과 물 3큰술도 넣어서 반죽을 해주세요.

3 주황빛을 띠는 반죽에 다진 채소를 넣고, 다시 한 번 골고루 섞어주세요.

4 가열한 팬에 식용유를 두르고, 한 숟가락씩 떠서 한 면을 익힌 후, 뒤집어서 숟가락으로 꾹꾹 눌러서 납작하고 동그랗게 부치세요.

친절한 비법전수

깻잎은 신선할 때 먹어야 위암예방에 좋아요. 오래 보관해서 시든 깻잎은 좋지 않으니 조금씩 구입해서 싱싱할 때 드세요.

이재료의 효능은?

고추장의 주재료인 고춧가루에는 매운맛을 내는 캡사이신 성분이 많이 들어 있는데, 이 성분이 식중독균을 죽이고 암을 억제합니다. 또한 열량 소모를 늘려서 몸속의 체지방을 줄여주는 역할을 합니다. 고춧가루 보다는 고추장이 체지방이 줄어드는 효과가 큰데, 이것은 고추장으로 발효하는 과정에서 더 좋은 성분들이 많이 생기기 때문입니다.

통통한 굴이 한 입에 쏙

굴전

굴은 옛날부터 서양에서는 정력제로 생각해왔고, 호색가로 알려진 카사노바도 굴을 즐겼다고 해요. 남성과 여성에게 모두 좋은 굴을 전으로 만들어서 고소하게 드셔보세요.

친절한 비법전수

굴은 맹물에 씻으면 단맛과 영양소가 빠져나가니 소금물에 살살 씻으세요. 또한 굴을 생으로 먹을 때는 무즙을 내서 씻으면 깨끗하게 씻겨요.

만드는 시간 20분

4인분

난이도

칼로리 222Kcal

이렇게 필요해요

대표재료 굴(1줌=240g), 밀가루(4큰술), 달걀(2개), 천일염 **굴밑간** 맛술(1큰술), 볶은소금(조금), 후춧가루(조금)

곁들이간장 진간장(1큰술), 물(1작은술), 식초(1작은술), 고추냉이(1/3작은술)

1 옅은 소금물을 만들어서 굴을 흔들어서 씻어주세요. 딱딱한 굴 껍질이 있을 수 있으니 꼼꼼하게 살피세요.

2 물기를 뺀 다음, 맛술과 소금, 후춧가루를 조금 넣어 밑간을 해서 5분 정도 두세요.

3 넓은 접시에서 밀가루를 묻히고, 달걀을 풀어서 노란 옷을 입히세요.

4 가열한 팬에 식용유를 두르고, 하나씩 굴을 올려서 노릇노릇하게 부쳐주세요.

이재료의 효능은?

굴은 남성의 정자 생성에 꼭 필요한 아연과 불임을 예방하는 비타민E를 많이 함유하고 있습니다. 또한 굴에 들어있는 철분과 칼슘은 여성의 골다공증과 빈혈 예방에 아주 좋습니다.

명절에만 먹기 아쉬운

동태전

명절에 준비하는 다양한 전 중에서 동태전은 부드럽고 고소한 맛에 자꾸 손이 가요.
동태 살이 간간해서 무심코 소금을 넣다보면 짜지니 살짝만 넣으세요.

만드는 시간 30분

4인분

난이도

칼로리 247Kcal

이렇게 필요해요

대표재료 동태살(300g), 부침가루(3큰술), 달걀(2개), 식용유

동태밑간 고운소금(조금), 후춧가루

1 냉동 동태살은 전자레인지에 해동시켜요. 종이타월로 물기를 흡수시키고, 소금과 후춧가루를 뿌려 밑간을 해주세요.

2 부침가루 옷을 얇게 묻혀주세요.

3 달걀을 풀어서 동태살을 담가 주세요.

4 가열한 팬에 식용유를 넉넉히 둘러 동태살을 올리고, 한두 번만 뒤집어서 노릇하게 구워주세요.

이재료의 효능은?

동태는 단백질이 많고 지방이 적고, 칼슘, 인, 철 등이 풍부하여 성장기 어린이나 노인의 영양식으로 훌륭한 식품입니다. 필수아미노산이 많아 간을 보호하고, 감기 몸살을 예방하는 효능이 있습니다. 레티놀 성분은 피부를 곱게 하고 주름이 생기는 것을 막아줍니다.

천연 영양제

마부추전

위와 장에 모두 좋은 마는 끈적거려서 그냥 먹기가 힘든데요. 곱게 갈아서 부추를 넣고 전을 해서 드셔보세요. 마전은 식으면 식감이 떨어지니 구워서 뜨거울 때 바로 드세요.

친절한 비법전수

마 껍질을 벗기다보면
손이 가려울 수 있는데요.
그럴 땐 식용유를 손에 바르고
껍질을 까면 돼요.

만드는 시간 20분

4인분

난이도

칼로리 196Kcal

이런게 필요해요

대표재료 마(2줌=200g), 부추(1줌=60g), 홍고추(1개), 다진실파(2큰술), 얼음물(1/3컵), 식용유

반죽 밀가루(1/3컵), 달걀(1개), 볶은소금(1/3작은술), 통깨(1큰술)

1 마는 껍질을 깎아서 찬물에 끈적임이 없게 담가두세요.

2 부추는 잘게 썰고, 실파는 다지고, 홍고추도 반 갈라서 씨를 털어 내고 다져주세요.

마만 갈면 너무 끈적이니 물과 같이 가세요.

3 마와 얼음물 1/3컵을 믹서기에 갈아서 넓은 그릇에 담고, 반죽재료와 섞은 뒤, 부추와 홍고추, 실파를 넣고 잘 섞어주세요.

4 가열한 팬에 식용유를 넉넉히 둘러 중간불에서 앞뒤로 노릇하게 지져 줍니다.

이재료의 효능은?

마에는 소화 효소가 많이 들어 있어 위장의 기능을 활발하게 하고, 당뇨병 예방과 자양 강장에 좋습니다. 마에 들어 있는 풍부한 식이섬유소는 유해균이 살 수 없는 환경을 만들어 대장균을 예방하고 대장을 건강하게 만들어 줍니다.

온 동네에 맛있는 고소함이 퍼져요.

배추전

배춧잎에 밀가루 옷을 입혀서 부치는 전이에요. 통깨를 솔솔 뿌려주면 고소함이 더해요.
배추전은 나중에 다시 데워먹으면 배추에 수분이 없어져서 질기고 고소한 맛이 덜하니 바로 먹어야 맛있어요.

만드는 시간 20분

3인분

난이도

칼로리 117Kcal

이렇게 필요해요

대표재료 배춧잎(6장), 부침가루(2큰술), 통깨, 실고추, 식용유 **반죽** 부침가루(1컵), 찬물(1컵), 국간장(1작은술) **곁들이간장** 진간장(2큰술), 물(1큰술), 고춧가루(1작은술), 참기름(1작은술), 통깨(1/2작은술), 다진파(1/2큰술)

1 배춧잎은 물에 씻어서 물기를 빼고, 손으로 억센 줄기부분을 구부려서 연하게 하세요.

2 부침가루를 가볍게 발라주세요.

3 부침가루, 찬물, 국간장을 넣어 반죽을 만들고, 배춧잎을 담가서 골고루 무쳐주세요.

4 가열한 팬에 식용유를 두르고 약한불에서 지지다가, 통깨와 실고추를 올려서 고소하게 지지세요.

이재료의 효능은?

배추에 많이 들어있는 인돌과 이소시오시아네이트 성분은 여러 가지 암을 예방하는 효능을 가지고 있습니다. 특히 간암 예방에 아주 좋습니다. 배추를 김치로 담그면 그 항암 효과는 더 커집니다. 배추에 풍부한 비타민C는 인체의 저항력을 높여 감기 예방과 피부 미용에 좋으며, 칼륨은 몸 안의 나트륨을 밖으로 배출하는 역할을 합니다.

어느 것이 제일 맛있을까요?

게맛살꼬치산적

꼬치산적은 명절 때면 빠지지 않는 전이에요. 재료를 길쭉하게 꼬치에 꿰서 부치는 전으로 빨갛고 노란 것 중에서 늘 어느 것이 맛있을지 고민을 하게 만드네요.

만드는 시간 25분

4인분

난이도

칼로리 395Kcal

이런게 필요해요

대표재료 느타리버섯(12송이), 게맛살(2줄), 햄(1토막=50g), 대파(줄기부분 2대), 식용유

꼬치옷 밀가루(1큰술), 달걀(1개), 소금(조금)

1 버섯은 한 송이 씩 나누고, 게맛살과 햄, 파는 버섯 크기로 자르세요.

버섯을 끓는 물에 살짝 데쳐 소금, 참기름으로 밑간해서 끼워도 좋아요.

2 꼬치를 낄 때 햄을 중간에 두고, 버섯과 맛살, 파를 2개씩 섞어서 갈라지지 않게 끼워주세요.

3 밀가루 옷을 가볍게 묻힌 다음, 달걀을 풀어서 소금을 조금 넣고 꼬치를 담가주세요.

4 가열한 팬에 식용유를 넉넉히 두르고, 앞뒤로 노릇하게 구워주세요.

이 재료의 효능은?

파에 들어 있는 알리신 성분은 감기를 예방하고 항암 효과를 가지고 있습니다. 또한 스트레스와 피로를 해소하여 불면증을 치료하는 효능이 있습니다. 그리고 콜레스테롤과 중성 지방의 축적을 막고, 혈액이 잘 돌도록 돕기 때문에 고혈압과 동맥경화를 예방합니다.

버섯향이 은은한

새송이버섯전

구우면 쫄깃한 식감이 살아있는 새송이와 팽이버섯으로 만든 전이에요. 버섯의 향긋함과 달걀의 고소함이 어우러져 맛있고, 쉬우면서 빠르게 요리할 수 있어 항상 고마운 반찬이에요.

만드는 시간 25분

4인분

난이도

칼로리 137Kcal

이렇게 필요해요

대표재료 새송이버섯(2개=130g), 팽이버섯(1/3봉지), 게맛살(2줄), 달걀(2개), 양파(1/4개), 실파(4뿌리), 풋고추(1개), 식용유

양념 소금(1/3작은술), 후춧가루(조금)

1 새송이와 팽이버섯은 4cm로 썰고, 게맛살은 결대로 찢어주고, 양파도 가늘게 채 썰고, 실파와 풋고추는 잘게 다져 주세요.

2 달걀을 풀고 소금과 후춧가루를 넣어서 간을 한 다음, 준비한 재료를 함께 넣고 골고루 섞어주세요.

3 가열한 팬에 식용유를 두르고, 한 숟가락씩 떠서 동그란 모양을 만들어 노릇하게 구워주세요.

친절한 비법전수

달걀껍데기를 잘 말렸다가
흰 빨래를 삶을 때
넣어주면 표백제 역할을 해요.

이재료의 효능은?

새송이버섯은 암을 예방하고 치료하는 효능이 있으며, 비타민C가 풍부하여 노화 방지와 피부 미용에 좋습니다. 또한 위산 과다를 예방하고 위를 튼튼하게 해주며, 장의 활동을 활발하게 하는 효능을 가지고 있습니다.

만만하게 만들어서 맛있게 냠냠

참치전

참치만 있다면 냉장고 속에 자투리로 남아있는 재료들을 활용하기 좋은 반찬이에요.
매콤하게 청양고추를 다져서 넣어도 맛있어요.
남은 참치는 캔에 그대로 보관하면 부패가 빨라져 위험하니, 개봉 후 바로 먹는 게 좋아요.

만드는 시간 20분

3인분

난이도

칼로리 144Kcal

이렇게 필요해요

대표재료 참치살(3큰술), 양파(1/4개), 다진당근(2큰술), 다진청피망(2큰술), 느타리버섯(1/2줌), 맛술(1큰술), 식용유

부침양념 밀가루(1+1/2큰술), 달걀(1개), 볶은소금(1/4작은술), 후춧가루(조금)

사용한 키친타월을 우유팩에 모아뒀다가 참치기름을 따라낼 때 이용하면 좋아요.

청피망 대신에 풋고추를 넣어도 돼요.

1 참치는 기름을 빼서 맛술 1큰술을 넣어주세요.

2 양파와 당근, 청피망, 느타리버섯을 잘게 다져주세요.

3 큰 그릇에 다진 재료와 참치를 담고, 부침양념을 함께 담아 골고루 섞어주세요.

4 가열한 팬에 식용유를 두르고, 한 숟가락씩 떠서 동그랗게 모양을 만들어 지지세요.

이 재료의 효능은?

참치는 불포화 지방산인 EPA와 DHA가 풍부하여 두뇌 발달에 좋으며, 고혈압과 동맥경화, 심근경색 등의 성인병을 예방하는 효능이 있습니다. 철분과 비타민이 풍부하여 빈혈을 예방하고, 오메가3 지방산이 들어 있어 전립선암을 예방하며, 고단백, 저지방, 저칼로리 식품으로 다이어트에 좋습니다.

출출할 때 생각나는

달걀치즈말이

치즈를 넣어 진한 고소한 맛과 고추를 넣어 칼칼한 맛이 있는 달걀말이에요. 밥반찬이나 술안주로도 그만이에요. 달걀은 시력 보호에 좋고 당근도 역시 눈에 좋으니 같이 먹으면 건강한 눈을 만들 수 있어요.

만드는 시간 20분

3인분

난이도

칼로리 284Kcal

이렇게 필요해요

대표재료 달걀(5개), 다진실파(2큰술), 다진당근(2큰술), 풋고추(1개), 게맛살(2줄), 슬라이스치즈(1장), 식용유

달걀양념 볶은소금(1/2작은술), 맛술(1큰술), 물(2큰술), 후춧가루(조금)

1 달걀은 풀어서 체에 내리고 알끈을 제거하세요.

2 실파와 당근, 풋고추, 게맛살은 잘게 다져서 넣고, 달걀양념을 함께 넣고 섞어주세요.

3 가열한 팬에 식용유를 조금만 두르고, 달걀물의 1/2만 붓고 약한불에서 익히세요. 어느 정도 익으면 길게 자른 치즈를 올려요.

4 먼저 말아놓은 달걀을 앞쪽에 놓고, 나머지 달걀물을 부어서 서로 이어지게 해서 돌돌 말아요. 어느 정도 식힌 다음 써세요.

친절한 비법전수

부드럽고 매끈한 달걀말이를 하는 비법은 달걀의 알끈을 제거해주고, 물을 조금 넣어주는 거예요. 또한 팬에 기름이 많이 겉돌면 표면이 매끈하지 않으니 키친타월로 닦아내 기름의 양을 조절하세요.

이 재료의 효능은?

달걀이 완전 식품이라고 불리는 이유는 풍부한 단백질과 다양한 영양소를 함유하고 있기 때문입니다. 콜레스테롤이 많이 들어 있지만 콜레스테롤 수치를 낮추는 레시틴 성분도 같이 들어 있어서 큰 걱정을 하지 않아도 됩니다. 또 달걀의 콜린이라는 성분은 뇌 세포를 활성화시켜 기억력과 집중력을 향상시킵니다. 그리고 눈의 망막을 보호하여 시력을 좋게 하고 눈을 건강하게 합니다.

팽이버섯도 주인공이 될거야!

팽이버섯전

늘 다른 요리에 도움을 주고 있는 팽이버섯! 오늘은 주인공으로 만들어 볼까요?
팽이버섯으로 전을 만드니 오도독 씹히는 맛이 주인공으로 손색이 없네요!

만드는 시간 10분

4인분

난이도

칼로리 127Kcal

이런게 필요해요

대표재료 팽이버섯(1봉지), 달걀(2개), 청고추(1개), 홍고추(1개), 식용유

양념 볶은소금(1/4작은술), 후춧가루(조금)

1 팽이버섯은 밑동을 잘라내고, 찬물에 살짝 씻어주세요.

고추가 없으면 당근이나 양파를 넣어주세요.

2 큰 그릇에 팽이버섯을 잘게 썰어서 넣고, 고추도 다져서 넣고, 달걀을 풀어서 소금과 후춧가루로 간을 한 다음 골고루 섞어주세요.

3 가열한 팬에 식용유를 조금만 두르고, 한 숟가락씩 떠서 고소하게 부쳐주세요.

친절한 비법전수

달걀의 껍질에는 미세한 구멍이 있어서 물로 씻으면 잡균이 침입하니, 씻지 말고 바로 사용하세요.

이재료의 효능은?

팽이버섯은 식이섬유소가 풍부하여 콜레스테롤 수치를 내리고 고혈압과 동맥경화를 예방하는 효능이 있습니다. 칼로리가 낮아 다이어트 식품으로 좋으며, 비타민B가 많아 피로회복과 스트레스 해소에 좋습니다. 또한 활성 산소를 제거하여 암을 예방하고, 두뇌 발달에 필요한 좋은 성분이 들어 있어 치매 예방에도 좋습니다.

menu
Have Some more meal!
just eat

PART 6. 김치, 저장반찬

김치는 배추나 무를 소금에 절여서 고춧가루, 액젓, 마늘 등으로 만든 양념에 버무린 다음, 일정시간 발효를 시켜서 먹는 반찬입니다. 김치에서 가장 중요한 것이 소금의 양과 절이는 시간을 맞추는 것인데요. 이 과정만 잘해도 김치 담그는데 있어서 절반은 성공한 셈이지요. 배추김치가 조금 부담스럽다면 깍두기나 파김치 등 비교적 쉽게 할 수 있는 것부터 시작해보세요. 저장반찬은 말 그대로 오랫동안 두고 먹을 수 있는 반찬입니다. 이 책의 저장반찬에는 식초, 간장, 설탕 등을 넣어 짭조름하게 만든 장아찌와 새콤달콤하게 만든 피클반찬이 있어요. 단촛물을 한꺼번에 끓여서 재료에 부어주기만 하는 비교적 만들기 쉬운 반찬이지만, 싱싱한 제철재료를 선택해서 만들어야 오랫동안 맛있게 먹을 수 있어요.

국물이 자작하게 있어야 맛있는

열무김치

맛있게 잘 익은 열무김치는 국물이 자작하게 있어야 맛있어요. 국물과 같이 먹으면 개운한 맛이 가슴속까지 전해져요. 홍고추를 갈아서 넣으니 빛깔도 예쁘고 국물도 시원하네요.

만드는 시간 1시간 이상

6인분

난이도

칼로리 22 Kcal

이렇게 필요해요

대표재료 열무(600g), 양파(1/2개), 실파(2대), 천일염(2큰술)

찹쌀풀 물(1컵), 찹쌀가루(1큰술=밀가루)

양념 고춧가루(2큰술), 홍고추(3개), 다진새우젓(1/2큰술), 다진마늘(1큰술), 다진생강(1작은술)

친절한 비법전수

열무는 힘을 가하면 풋내가 나니까 씻을 때 살살 씻고, 버무릴 때도 가볍게 버무리세요. 저장용기에 열무를 담고 양념을 얹어 한 층을 만들고, 다시 열무와 양념을 넣으면서 켜켜이 쌓아주면 양념이 자연스럽게 열무에 배어서 손으로 버무리지 않아도 돼요.

1 열무는 깨끗이 다듬어서 물에 살살 흔들어가면서 두 번 정도 씻고, 천일염을 켜켜이 얹어 열무의 숨이 죽게 1시간 정도 절이세요.

2 물 1컵에 찹쌀가루를 넣고 섞은 다음, 약한불에서 저어가면서 찹쌀풀을 쑤어 식히세요.

3 홍고추는 믹서에 갈고, 양파는 가늘게 채 썰고, 실파는 어슷썰어 주세요.

4 식힌 찹쌀풀에 양념을 넣고 섞어 걸쭉하게 만들어 두세요.

5 절여진 열무는 물에 가시지 말고 그대로 저장용기에 담아서 양파, 실파를 올린 후, 양념을 골고루 끼얹어가면서 켜켜이 쌓으세요. 실온에서 하룻밤 두고 냉장보관 하세요.

이재료의 효능은?

열무의 여러 가지 무기질과 비타민은 면역력을 길러주고, 기억력을 좋게 하며, 시력을 향상시키는데 도움을 줍니다. 또한 혈압을 안정시키고, 전분을 분해하는 효소가 있어 소화에 좋고, 변비를 예방하는 효능이 있습니다. 사포닌 성분이 있어 열이 많은 사람들에게 인삼 대용으로 좋은 식품입니다.

배추맛김치

배추를 막 썰어서 양념에 버무린 김치예요. 포기김치보다 만들기가 쉬워 만만하게 시작할 수 있어요. 담가두면 맛이 금방 드니 빨리 드세요.

만드는 시간 5시간 이상

8인분

난이도

칼로리 29 Kcal

이렇게 필요해요

대표재료 배추(1포기=1kg), 쪽파(1줌)

절임물 물(5컵), 천일염(1컵)

찹쌀풀 물(1컵), 찹쌀가루(1큰술)

김치양념 고춧가루(2/3컵), 멸치액젓(1/3컵), 매실액(3큰술=설탕2큰술), 다진마늘(1큰술), 다진생강(1/3큰술)

친절한 비법전수

홍고추 1개를 믹서에 갈아서 양념에 넣어주면, 김치의 빛깔이 더 예쁘고 맛이 시원해요. 또한 배추김치를 만들었을 때 싱거우면, 소금을 넣지 말고 새우젓 국물을 더 넣으세요.

1 배추를 반으로 갈라 1/3 정도만 세로로 칼집을 내고 밑동을 잘라주세요.

2 천일염 1/2컵만 물 5컵에 녹이고, 나머지 반 컵은 배춧잎 사이사이 줄기 쪽에 뿌려줍니다. 중간에 한두 번 뒤집어가면서 5시간 정도 절여주세요.

3 약한불에서 저어가면서 찹쌀풀을 쑨 다음 식히세요.

4 식힌 찹쌀풀과 양념을 함께 담아 고춧가루가 불도록 만들어두세요.

5 절여진 배추는 물로 여러 번 헹구어 씻어서 물기를 빼고, 4cm 길이로 자르세요.

6 널찍한 그릇에 배추와 양념, 쪽파를 넣고 골고루 가볍게 버무려주세요.

이재료의 효능은?

배추에 많이 들어 있는 인돌과 이소시오시아네이트 성분은 여러 가지 암을 예방하는 효능을 가지고 있습니다. 특히 간암 예방에 아주 좋습니다. 배추를 김치로 담그면 그 항암 효과는 더 커집니다. 배추에 풍부한 비타민C는 인체의 저항력을 높여 감기 예방과 피부 미용에 좋으며, 칼륨은 몸 안의 나트륨을 밖으로 배출하는 역할을 합니다.

정성으로 만드는

배추포기김치

배추포기김치는 포기 째 담그는 김장김치예요.
갖은 재료를 넣어 소를 만들어서 배춧잎 사이사이 발라두고,
시원하게 익혀서 먹으면 아삭하면서도 칼칼한 맛이 그만이죠.

만드는 시간 6시간 이상

8인분

난이도 ★★

칼로리 29 Kcal

이런게 필요해요

대표재료 배추(2포기=2kg) **절임물** 물(10컵), 천일염(1+1컵) **찹쌀풀** 물(1컵), 찹쌀가루(1큰술)
김치양념 무(1/4개=200g), 쪽파(1줌=50g), 고춧가루(1컵), 까나리액젓(4큰술), 새우젓(2큰술), 설탕(1큰술), 다진마늘(2큰술), 다진생강(1/2큰술), 볶은소금(1큰술=배추절임물1/3컵)

친절한 비법전수

김치의 색이 곱게 나오기 위해서는 고춧가루의 색이 중요한데요. 따뜻한 물에 고춧가루를 갠 다음, 하루 정도 두고 양념에 버무리면 김치의 빛깔이 고와져요.

1 배추는 물에 씻은 다음, 반을 갈라요. 물 10컵에 천일염 1컵을 넣어 절임물을 만들어서 배추에 붓고, 천일염 1컵은 1줌씩 움켜쥐어서 줄기마다 켜켜이 뿌려 하룻밤 정도(6~7시간) 절이세요.

2 절여진 배추는 물로 두세 번 정도 깨끗이 헹구어 엎어서 물기를 빼주세요. 물기를 빼야 김치가 덜 무르고 아삭거려요.

3 물 1컵에 찹쌀가루를 넣고 섞은 다음, 약한불에서 저어가면서 찹쌀풀을 쑤세요.

4 무는 채 썰어서 고춧가루를 넣어 빨갛게 물을 들이세요.

5 쪽파는 3cm 길이로 썰어서 나머지 양념과 같이 넣고, 식힌 찹쌀풀을 부어서 가볍게 버무려 주세요.

6 절인 배춧잎 한 장, 한 장씩 들추어서 골고루 양념을 발라서 실온에서 하루 정도 익히고, 냉장실에 보관하세요.

이 재료의 효능은?

김치 양념으로 들어가는 고추에는 캡사이신 성분이 있어 몸속의 체지방을 줄여 비만을 예방하는 역할을 합니다. 또한 김치를 만들 때 들어가는 파와 마늘에는 알리신 성분이 있어 지방이 쌓이는 것을 막아 줍니다. 그리고 김치는 대장암, 위암, 폐암 등 여러 종류의 암을 예방하며, 피로 회복과 스트레스 해소에 좋은 효능을 가지고 있으며, 풍부한 식이섬유소와 많은 유산균은 장의 기능을 튼튼하게 만들어 줍니다.

뽀얀 국물의 도도한 김치

백김치

백김치는 고춧가루를 넣지 않고 무, 배 등으로 소를 만들고, 소금물을 부어 깔끔하게 담그는 북쪽지방의 김치예요. 뽀얀 국물이 있어서 물김치처럼 먹을 수도 있고, 맵지 않아서 아이들이나 나이 드신 분들 입맛에 잘 맞아요.

만드는 시간 6시간 이상

8인분

난이도

칼로리 54 Kcal

이렇게 필요해요

대표재료 배추(1포기), 무(1/4개=200g), 배(1/2개), 쪽파(1줌), 홍고추(1개), 마늘채(1큰술), 밤채(2큰술), 볶은소금(1작은술) **배추절이기** 물(6컵), 천일염(2/3컵+1/3컵) **찹쌀풀** 물3컵+찹쌀가루(2작은술) **김칫국물** 물(3컵), 볶은소금(1+1/2큰술), 설탕(1작은술) **갈아넣기** 배(1/2개), 양파(1/2개), 생강(1/2톨)

친절한 비법전수

백김치는 배추의 시원한 맛이 국물에 우러나게 하는 것이 중요해요. 그러기 위해서는 배추를 소금물에 싱겁게 절여야 돼요.

1 배추는 반으로 갈라 물6컵에 천일염2/3컵을 녹여 절임물을 만들어 부어요. 천일염1/3컵은 손에 움켜쥐고, 줄기마다 켜켜이 뿌려서 6시간 정도 절이세요.

2 절여진 배추는 물로 두세 번 정도 깨끗이 헹구어 엎어서 물기를 빼주세요. 물기를 빼야 김치가 덜 무르고 아삭거려요.

3 채 썬 무는 소금1작은술로 간해서 15분간 절여요. 여기에 채 썬 배와 3cm로 자른 쪽파, 씨를 빼고 어슷하게 채 썬 홍고추, 마늘채와 밤채 넣고 가볍게 버무리세요.

4 찹쌀풀을 멀겋게 끓여, 넓은 그릇에 찹쌀풀과 김칫국물을 부어요. 배, 양파, 생강은 갈아서 면보에 넣고 주물주물거려 국물에 우려내세요.

5 절인 배춧잎마다 소를 켜켜이 집어넣고, 배추겉잎으로 감싼 다음 저장용기에 담아 20분정도 간이 배게 두세요.

6 배추 위에 국물을 붓고, 실온에서 2일정도 익힌 후, 냉장보관해서 시원하게 드세요.

이재료의 효능은?

백김치는 혈중 지방과 혈중 콜레스테롤 수치를 낮추고, 비만을 예방하는 효능이 있습니다. 배추에 많이 들어 있는 인돌과 이소시오시아네이트 성분은 여러 가지 암을 예방하는 효능을 가지고 있습니다. 배추에 풍부한 비타민C는 인체의 저항력을 높여 감기 예방과 피부 미용에 좋으며, 칼륨은 몸 안의 나트륨을 밖으로 배출하는 역할을 합니다.

막힌 속을 시원하게 해주는

나박물김치

무를 얇게 썰어서 젓갈류를 넣지 않고 담그는 물김치예요. 김치 만들기 초보자도 쉽게 담글 수 있어서 좋고, 맛을 들여 먹으면 막힌 속까지 시원해져요.

만드는 시간 40분

10인분

난이도

칼로리 31 Kcal

이렇게 필요해요

대표재료 배추속대(10장=400g), 무(1/3개=200g), 배(1/4개), 홍고추(1개), 마늘(4쪽), 쪽파(5대), 천일염(1줌)

1차양념 물(10컵), 고춧가루(2큰술), 생강가루(2/3작은술)

2차양념 소금(2큰술), 설탕(1큰술), 매실액(1큰술)

1 무와 배추는 3cm로 네모나게 썰어요. 천일염 1줌 넣고 30분간 절이고, 물로 헹궈 채반에 담아 물기를 빼주세요.

2 배는 사각으로, 쪽파는 3cm 길이로 썰어요. 홍고추는 세로로 갈라 씨를 털어내 어슷하게 썰고, 마늘은 편으로 썰어주세요.

3 1차양념을 면보에 넣어 손으로 주물주물거려 빨갛게 고춧물을 냅니다. 2차양념을 넣고 간을 맞추세요.

4 소금에 절인 배추와 무, 배, 홍고추, 쪽파, 마늘을 넣고, 김칫국물을 부어 실온에서 하루정도 익힌 후, 냉장고에 보관해서 드세요.

이 재료의 효능은?

배는 소화효소가 많이 들어 있어 소화에 좋고, 알코올을 분해하여 숙취를 해소하는 효능이 있습니다. 그리고 목이 마를 때 갈증을 해소하며, 탄닌이라는 성분이 있어 설사를 진정시키는 효과가 있습니다. 또한 가래와 기침에 좋으며, 체온이 올라갈 때 온도를 떨어뜨리는 해열 작용을 합니다.

깍두기가 제일 쉬웠어요!

깍두기

깍두기는 김치 중에 제일 만만하게 담글 수 있어요. 가을에 나오는 무는 물이 많고 달달해서 맛이 좋은데요. 고춧가루와 설탕을 적당히 넣어야 무 본연의 단맛을 느낄 수 있어요. 한약을 먹을 때 무를 먹지 말라고 하죠. 한약도 소화시켜 버려서 약효를 제대로 못 내기 때문이래요.

만드는 시간 25분

4인분

난이도

칼로리 23 Kcal

이런게 필요해요

대표재료 무(1/2개=700g), 쪽파(3뿌리), 통깨(1큰술), 천일염(1작은술)

양념 고춧가루(2큰술), 멸치액젓(1큰술), 다진새우젓(1작은술), 설탕(1작은술), 다진마늘(1작은술), 다진생강(1/3작은술), 소금(1작은술)

1 무는 껍질을 깨끗이 문질러서 씻어 네모로 썰고, 쪽파는 다듬어서 3cm 길이로 썰어서 준비하세요.

2 무는 천일염 넣어 골고루 무친 다음, 20분간 절이고, 절이면서 생긴 물기는 따라내세요.

3 무에 고춧가루부터 넣고 빨갛게 버무리세요.

3 나머지 양념을 넣고 버무린 다음, 통깨와 쪽파를 넣어 가볍게 섞어서 저장용기에 담아요. 2일간 실온에서 익힌 후, 냉장보관하세요.

이 재료의 효능은?

무는 천연 소화제라고 불릴 만큼 여러 가지 소화 효소가 들어 있어 소화에 도움을 주는 식품입니다. 무에 많이 들어있는 식이섬유소가 당의 흡수를 늦추기 때문에 당뇨병 예방에 좋으며, 장을 튼튼하게 만듭니다. 또한 칼로리가 낮아 다이어트에 좋은 식품입니다. 민간에서는 목의 통증, 기침에 효과가 있다고 합니다.

금방 만들어서 먹는

배추겉절이

배추를 소금에 절이지 않고 바로 무쳐먹는 한국식 샐러드예요.
칼국수나 따뜻한 밥과 함께 먹으면 다른 반찬이 필요 없어요.

만드는 시간 1시간

6인분

난이도

칼로리 57 Kcal

이렇게 필요해요

대표재료 배추(1/4포기), 홍고추(1개), 쪽파(7대) **절임물** 물(5컵), 천일염(1/2컵) **양념** 고춧가루(3큰술), 다진새우젓(1큰술), 물(2큰술), 멸치액젓(1큰술), 다진마늘(2큰술), 다진생강(1/3큰술), 매실액(1큰술=설탕1/2큰술), 통깨(1큰술)

1 배추는 물로 씻은 다음, 잎을 한 장씩 떼어 3등분 해두세요.

2 절임물에 넣고, 중간중간 뒤집어 가면서 1시간 정도 절이세요.

3 절여진 배추는 채반에서 물기를 빼주고, 홍고추는 어슷 썰고, 쪽파는 4cm 길이로 썰고, 겉절이 양념을 만들어 두세요.

4 배추에 양념장을 넣고 골고루 버무린 다음, 홍고추와 쪽파를 넣고 가볍게 섞어주세요. 식성에 따라 참기름도 조금 넣으셔도 됩니다.

이재료의 효능은?

배추에 많이 들어 있는 인돌과 이소시오시아네이트 성분은 여러 가지 암을 예방하는 효능을 가지고 있습니다. 특히 간암 예방에 아주 좋습니다. 배추를 김치로 담그면 그 항암 효과는 더 커집니다. 배추에 풍부한 비타민C는 인체의 저항력을 높여 감기 예방과 피부 미용에 좋으며, 칼륨은 몸 안의 나트륨을 밖으로 배출하는 역할을 합니다.

추운 바람 이겨내고 우리에게 찾아온

봄동겉절이

추운 겨울이 지나 봄에만 맛볼 수 있는 푸른빛의 봄동은 보기만 해도 입맛을 돋게 만들어요. 봄동은 향이 짙고, 씹을수록 고소한 맛이 나서 겉절이를 해서 먹으면 그만이에요.

만드는 시간 35분

4인분

난이도

칼로리 67 Kcal

이렇게 필요해요

대표재료 봄동(3포기=300g), 실파(3뿌리), 참기름(1작은술), 통깨(1큰술)

양념 고춧가루(2큰술), 까나리액젓(1큰술), 물(2큰술), 설탕(2/3큰술=매실액 2큰술), 다진마늘(1/2큰술)

1 봄동은 한 잎씩 떼어내어 깨끗이 씻어주세요.

2 실파는 4cm로, 홍고추는 세로로 갈라서 씨를 털어내고 가늘게 채 썰어요. 양념장을 만들어 두세요.

잎이 연약해서 가볍게 무쳐야 아삭거려요.

3 넓은 그릇에 봄동과 실파, 홍고추를 담아 양념에 살살 버무려주세요.

4 참기름과 통깨를 넣고, 가볍게 섞어줍니다.

친절한 비법전수

봄동은 흰 줄기 부분보다는 파란색 잎이 많아야 더 맛있어요. 봄동은 소금물에 절이지 말고, 씻어서 바로 무쳐야 아삭거려요.

이 재료의 효능은?

봄동에는 칼슘, 칼륨, 인, 철분 등의 무기질이 풍부하여 빈혈과 동맥경화 예방에 좋습니다. 항산화 작용을 하여 노화를 방지하고 암을 예방하며, 면역력을 높여주고 감기를 예방하는 효능이 있습니다. 또한 식이섬유소가 풍부해서 변비 예방과 다이어트에 좋은 식품입니다. 특히 봄동은 데치거나 국으로 끓일 때 비타민의 손실이 적습니다.

먹을 때마다 힘이 솟는

부추김치

부추에 많은 엽록소는 위암 세포증식을 억제하는 작용을 한다고 해요.
금방 담은 부추김치가 배추김치보다 항암효과가 더 높다고 해요.

만드는 시간 25분

4인분

난이도 ★

칼로리 31 Kcal

이렇게 필요해요

대표재료 부추(1단=500g), 홍고추(1개)

양념 고춧가루(1/2컵), 물(1/3컵), 멸치액젓(5큰술), 설탕(1/2큰술=매실액1큰술), 다진마늘(1큰술), 통깨(2큰술)

1 부추를 깨끗이 다듬어서 물로 씻은 다음 3등분으로 자르고, 홍고추는 어슷하게 썰어주세요.

2 고춧가루에 물 1/3컵을 붓고 불린 다음, 멸치액젓과 설탕, 다진마늘, 통깨를 넣고 잘 섞어주세요.

3 부추에 양념을 넣고 살살 무치세요. 냉장고에서 오래 보관하면 질겨지니 가능하면 빨리 드세요.

친절한 비법전수

부추는 잎이 연해서 소금에 절이지 않고 바로 젓국을 넣고 간을 해요. 소금에 절여놓으면 질겨져요.

이재료의 효능은?

중국의 황후인 서태후가 즐겨 먹었다고 하는 부추는 스태미나에 좋은 대표적인 음식 중 하나입니다. 부추 특유의 향을 내는 성분이 암을 예방하고 소화 기능을 도와줍니다. 베타카로틴, 클로로필 등의 성분이 들어 있어 유해 활성 산소를 해독하고 노화를 방지합니다. 또한 부추는 단백질, 지방, 칼슘, 철분, 인, 비타민 등 다양한 영양을 가지고 있습니다.

나도 김치다!

양배추김치

양배추를 삶아서 쌈으로만 즐겼다면 아삭거리는 김치로 만들어보세요. 배추김치를 만드는 수고에 비하면 양배추김치는 간단하게 만들 수 있어요. 맛 들여서 먹는 것보다, 담가서 바로 먹어야 고소하게 즐길수 있어요.

친절한 비법전수

양배추를 고를 때는 밑동 부분이 싱싱한 것을 고르세요. 잎보다 밑동의 심부터 썩기 때문이에요.

만드는 시간 40분

6인분

난이도

칼로리 42 Kcal

이렇게 필요해요

대표재료 양배추(1/2통=400g), 부추(1줌=30g), 홍고추(1개), 실파(1줌=50g) **절임물** 물(2컵), 천일염(2큰술) **양념** 고춧가루(4큰술), 설탕(1큰술), 다진새우젓(1+1/2큰술), 다진마늘(1큰술), 다진생강(1/2큰술), 통깨(2큰술), 볶은소금(1작은술)

1 양배추는 사방 3cm 크기의 사각으로 썰어서 절임물에 30분간 절이세요.

2 부추와 실파도 3cm 길이로 썰고, 홍고추는 어슷하게 썰어주세요.

3 절여진 양배추는 물기를 빼고, 고춧가루를 넣고 빨간물을 들이세요.

4 부추와 실파, 나머지 양념을 넣고 살살 버무린 다음 통깨를 뿌립니다. 실온에서 반나절 두고 냉장 보관합니다.

이재료의 효능은?

양배추가 채소이지만 칼슘이 많이 들어 있기 때문에 뼈를 튼튼하게 하고 골다공증을 예방합니다. 또한 독특하게 비타민U를 함유하고 있어 위벽을 튼튼하게 하고 위궤양 치료에 좋습니다.

톡 쏘는 맛이 입맛을 돋우는

쪽파김치

파김치는 바로 해서 먹으면 매운 맛이 강해요. 숙성을 시켜서 밥과 같이 먹으면 톡 쏘는 맛이 그만이에요. 파김치를 담글 때, 몇 가닥씩 타래를 지어서 만들어 두면 꺼내 먹기가 편해요.

만드는 시간 1시간

6인분

난이도

칼로리 20 Kcal

이렇게 필요해요

대표재료 쪽파(250g), 당근(4cm 1토막), 홍고추(1개), 통깨(1큰술), 천일염(1큰술)

찹쌀풀 물(1/2컵), 찹쌀가루(1큰술)

양념 고춧가루(1/3컵), 멸치액젓(1/3컵), 설탕(1/2큰술=매실액1큰술), 다진생강(1/2큰술)

1 쪽파 뿌리 쪽에만 천일염 얹고, 중간에 한 번 뒤집어 주면서 40분간 절여요. 녹지 않은 소금은 훌훌 털어 내세요.

2 물에 찹쌀가루를 풀어 약한불에서 저어가면서 풀을 끓이세요.

3 당근과 고추는 길고 가늘게 채 썰고, 양념장을 만들어서 고춧가루를 불리세요.

4 양념장에 당근과 고추 넣고 버무려 뿌리부터 발라요. 4가닥씩 타래 지어 용기에 담아 실온에서 익힌 후, 냉장보관 하세요.

친절한 비법전수

쪽파를 절일 때는 뿌리부분만 절여요. 잎부분은 연해서 고춧가루양념을 발라두면 자연스레 절여져요.

이재료의 효능은?

쪽파는 음식의 소화를 돕고, 몸을 따뜻하게 해주는 효능이 있습니다. 또한 감기를 예방하고, 스트레스와 피로를 해소하며, 항암 효과를 가지고 있습니다. 콜레스테롤과 중성 지방의 축적을 막고, 혈액이 잘 돌도록 돕기 때문에 고혈압과 동맥경화를 예방합니다.

엽산이 풍부해서 여성에게 좋은

갓김치

갓김치는 시원하게 톡 쏘는 맛으로 먹어야 맛있는 김치예요. 건강에도 아주 좋은 김치이니 오래 익어서 맛있게 드세요.

친절한 비법전수

갓김치를 담글 때 소금을 많이 넣으면 질겨져요. 소금에 너무 오래 절이지 마세요.

만드는 시간 40분

8인분

난이도

칼로리 98 Kcal

이렇게 필요해요

대표재료 갓(1단=1kg), 굵은소금(1/2컵)

찹쌀풀 물(1/2컵), 찹쌀가루(1큰술)

양념 고춧가루(1/2컵), 멸치액젓(5큰술), 매실액(2큰술), 다진마늘(2큰술), 생강가루(2/3큰술)

1 갓을 깨끗이 씻어서 굵은소금을 켜켜이 얹어 30분 정도 절이세요.

2 물 1/2컵에 찹쌀가루를 푼 다음 약한불에서 저어가면서 찹쌀풀을 쑵니다.

3 쪽파는 5cm길이로 썰고, 식힌 찹쌀풀과 양념을 함께 넣어 섞어 두세요.

4 갓은 물로 헹구지 말고 소금만 털어 낸 다음, 쪽파와 양념을 넣고 골고루 발라주세요. 실온에서 익힌 다음 냉장보관합니다.

이재료의 효능은?

갓에는 엽산이 많이 들어 있어서 임산부와 태아에게 꼭 필요한 식품입니다. 임신 중에 엽산이 부족해지면 태아의 발육이 나빠지고 태아의 뇌신경 장애가 발생할 수 있습니다. 또한 갓의 엽산은 빈혈과 뇌졸중을 예방합니다. 엽산은 세포의 재생과 성장을 촉진하여 직장암, 유방암, 대장암 등을 예방하므로 술을 많이 마시는 남성에게도 좋습니다.

담가서 바로 먹어야 맛있는

오이소박이

촉촉하게 국물이 생겼을 때 먹어야 맛있는 김치예요. 아삭한 오이와 매콤한 양념을 같이 먹으면 시원하면서도 상큼해서 맛있어요. 맛이 금방 드니 얼른 드세요.

만드는 시간 30분

4인분

난이도

칼로리 27 Kcal

이렇게 필요해요

대표재료 오이(3개), 부추(1줌), 당근(1/4개), 천일염

절임물 물(2컵), 천일염(2큰술)

속양념 고춧가루(1/4컵), 절임물(1/4컵), 까나리액젓(1큰술), 설탕(1/2작은술), 다진마늘(1/2큰술), 다진생강(1/2작은술)

친절한 비법전수

오이소박이는 실온에 반나절 정도 두고 오이 표면에 물기가 촉촉하게 돌 때 먹으면 아삭하고 맛있어요.

1 오이는 천일염으로 문질러 씻고, 5cm로 잘라 십자로 칼집을 낸 후, 절임물에 20분간 두세요.

2 부추는 2cm 길이로 자르고, 당근도 가늘게 채 썰고, 고춧가루에 절임물 1/4컵을 넣고 불려, 나머지 속양념도 넣어 버무리세요.

3 절인 오이는 물기를 빼고, 칼집 사이사이에 속양념이 빠지지 않게 꼭꼭 눌러서 채우세요.

이재료의 효능은?

오이는 95%가 수분으로 되어 있을 정도로 수분 함량이 높아서 갈증 해소에 좋으며, 비타민C가 들어 있어 감기 예방에도 좋습니다. 오이는 피부 미용 재료로도 좋은데, 오이 안에 들어있는 비타민과 엽록소는 미백효과가 있으며, 칼륨이 노폐물을 제거해 주고, 수분을 많이 함유하고 있어 보습 효과도 가지고 있습니다.

오래 맛 들여야 맛있어요.

고들빼기김치

입에 쓴 고들빼기를 김치로 담가서 익혀 먹으면 쓴맛이 사라지고 깊은 맛이 나요. 푹 익혀서 추운 겨울 점심으로 들기름 넣고 볶음밥을 해 먹으면... 생각만 해도 군침이 고이네요.

만드는 시간 하루 이상

8인분

난이도

칼로리 84 Kcal

이런게 필요해요

대표재료 고들빼기(1kg), 쪽파(2줌=100g)

절임물 물(2L), 천일염(1컵)

찹쌀풀 물(1+1/2컵), 찹쌀가루(2큰술)

양념 고춧가루(1컵), 멸치액젓(1/2컵), 물엿(2큰술), 다진마늘(2큰술), 다진생강(1/2큰술), 통깨(1큰술)

1 고들빼기는 흙을 털어 내고, 누런 잎을 떼어내어 다듬어 주세요.

2 찬물에 넣고 흙과 불순물을 씻어 냅니다. 절임물을 만들어서 하루 정도 담갔다, 여러 번 헹구어 씻은 다음 물기를 빼주세요.

3 물 1+1/2컵에 찹쌀가루 2큰술을 넣고, 약한불에서 저어가면서 찹쌀풀을 쑤세요.

4 찹쌀풀을 식혀서 양념과 한데 섞어서 넣어주고, 쪽파는 3등분해서 넣어 고들빼기와 골고루 버무립니다.

이재료의 효능은?

고들빼기의 잎이나 줄기를 자르면 우유와 같은 하얀 액체가 나옵니다. 쓴맛을 내는 사포닌 성분이 소화 기능을 좋게 하고 위장을 건강하게 만듭니다. 잠을 쫓는 효과가 있어 수험생에게 도움을 주며, 몸 안의 독소를 밖으로 배출해 주고, 피를 맑게 해주는 효능이 있습니다.

햇빛을 받아 영양이 높은

무말랭이무침

꼬들꼬들 씹히는 맛이 좋은 무말랭이는 고춧잎과 같이 먹으면 더 맛있어요.
무를 소금물에 절이지 않고 바로 만들기 때문에 양념을 짭짤하게 해야 맛있어요.

만드는 시간 40분

8인분

난이도

칼로리 96 Kcal

이렇게 필요해요

대표재료 말린 고춧잎(1줌), 무말랭이(2줌=60g)

양념 진간장(1/3컵), 까나리액젓(1작은술), 고춧가루(2큰술), 물엿(3큰술), 매실액(1큰술), 다진마늘(1/2큰술), 통깨(1큰술)

1 미지근한 물을 잘팍거릴 정도로 넣고, 무말랭이를 주물주물 빤 다음 2~3번 헹구세요.

2 체에 건진 다음, 30분간 불게 두세요.

3 말린 고춧잎도 미지근한 물에 30분간 불린 다음, 물기를 꼭 짜세요.

4 넓은 그릇에 무말랭이와 고춧잎을 담고, 양념을 만들어서 무쳐줍니다.

이 재료의 효능은?

무는 천연 소화제라고 불릴 만큼 여러 가지 소화 효소가 들어 있어 소화에 도움을 주는 식품입니다. 무에 많이 들어 있는 식이섬유소가 당의 흡수를 늦추기 때문에 당뇨병 예방에 좋으며, 장을 튼튼하게 만듭니다. 또한 칼로리가 낮아 다이어트에 좋은 식품입니다. 민간에서는 목의 통증, 기침에 효과가 있다고 합니다.

두고두고 요긴한 밑반찬

깻잎절임

깻잎절임은 보관이 오래 되어서 반찬이 없을 때 요긴해요. 가을에 노랗게 물든 깻잎을 따서 만들어야 맛과 향이 오래가고, 양념국물이 자작하게 있어야 더욱 맛있어요.

만드는 시간 30분

5인분

난이도

칼로리 24 Kcal

이렇게 필요해요

대표재료 깻잎(100장), 굵은실, 굵은소금

절임간장 진간장(4큰술), 청주(4큰술), 물(2큰술)

절임양념 고춧가루(1큰술), 물엿(2큰술), 다진마늘(1작은술), 다진실파(1큰술), 통깨(1작은술)

1 깻잎은 물로 씻은 다음, 20장씩 굵은 실로 단단하게 묶어주세요.

2 끓는 물에 굵은소금 넣고, 부드럽게 삶아서 찬물에 바로 헹군 다음 물기를 꼭 짜세요.

3 절임간장을 담아 한번 우르르 끓어오르면 불을 끄고 식히세요.

4 절임간장과 절임양념을 함께 섞어서 만든 다음, 저장용기에 깻잎을 5장씩 담고, 그 위에 양념장을 올리세요.

이재료의 효능은?

깻잎의 푸른색을 구성하는 파이톨 성분은 몸 안에 들어온 세균을 없애는 대식 세포와 암세포만을 골라서 공격하는 자연 살해 세포의 활동을 도와주는 아주 훌륭한 항암 효과를 가지고 있습니다. 특히 위암 예방에 탁월한 효과가 있습니다. 깻잎은 다른 채소류와 비교해서 철분과 칼슘이 많이 들어 있어서 빈혈과 골다공증 예방에도 좋습니다.

두고두고 먹을 수 있는

오이지무침

오이지무침은 오이를 소금물에 절여서 아삭하게 무쳐 먹는 반찬이에요.
입맛이 없을 때 새콤한 것이 입맛을 살려줘요.

민드는 시간 10분

6인분

난이도

칼로리 30 Kcal

이런게 필요해요

대표재료 오이(5개), 굵은소금

절임물 물(10컵), 굵은소금(1컵)

오이지무침 오이지(2개), 고춧가루(1큰술), 설탕(2작은술), 참기름(1작은술), 깨소금(1작은술), 다진마늘(1작은술), 다진실파(1큰술)

친절한 비법전수

오이지를 무칠 때는 꼭 찬물에 담가서 소금기를 우려내야 해요. 짠맛을 우려내지 않으면 소금맛 밖에 나지 않아서 난처해져요.

1 절임물을 만들어 냄비에 넣고, 팔팔 끓인 다음 식히세요.

2 오이는 굵은소금으로 문질러서 흐르는 물에 씻어 저장용기에 담고, 식힌 절임물을 부어주세요.

3 오이가 절임물에 다 잠길 수 있도록 비닐팩을 위에 덮고, 깨끗하게 씻은 돌을 얹어주세요.

4 1주일 뒤 절임물을 따라내 다시 끓여 식힌 다음, 오이지에 다시 부어요. 10일 정도 상온에서 삭힌 뒤, 냉장실에 보관하세요.

5 삭힌 오이지는 동그랗게 썰어서 무치기 전에 찬물에 담가 짠맛을 빼주세요.

6 양념장을 넣고 골고루 무쳐줍니다.

이재료의 효능은?

오이는 95%가 수분으로 되어 있을 정도로 수분 함량이 높아서 갈증 해소에 좋으며, 비타민C가 들어 있어 감기 예방에도 좋습니다. 오이는 피부 미용 재료로도 좋은데, 오이 안에 들어있는 비타민과 엽록소는 미백효과가 있으며, 칼륨이 노폐물을 제거해 주고, 수분을 많이 함유하고 있어 보습 효과도 가지고 있습니다.

입맛을 살리는 매콤함

고추장아찌

고추를 간장에 절여서 두면 겨우내 요긴하게 먹을 수 있어요. 고추를 다져서 깨소금, 국간장, 들기름, 다진 마늘을 넣고 양념을 한 다음 밥에 비벼먹으면 입맛이 돈아요.

친절한 비법전수

장아찌를 담그고 20일 정도 지나서, 다시 절임간장을 끓여서 식힌 후, 붓기를 2번 정도 해야 맛있게 삭혀져요.

만드는 시간 15분

4인분

난이도

칼로리 28 Kcal

이렇게 필요해요

대표재료 청량고추(3줌=300g)

절임간장 진간장(1컵), 식초(1컵), 물(1컵), 설탕(1/2컵)

1 청량고추는 깨끗이 씻어 꼭지를 반만 잘라 포크로 콕 찔러 구멍을 내세요.

2 절임간장을 붓고, 설탕이 녹게 수저로 저어가면서 한소끔 끓이세요.

3 유리병은 냄비에 물을 반쯤 넣고 병을 거꾸로 세워서 소독한 다음, 어느 정도 식었으면 병을 꺼내 물기가 완전히 마를 때까지 두세요.

4 유리병에 고추를 담고, 한 김 식힌 절임간장을 부어 냉장보관 하세요.

이 재료의 효능은?

고추에는 비타민C와 비타민A가 풍부하여 면역력을 높이고 감기를 예방합니다. 고추에 들어있는 카로틴과 캡사이신 성분은 통증을 완화시켜주고 여러 암을 예방합니다. 고추가 맵다고 해서 위장을 다치게 하는 것은 아닙니다. 고추를 적당히 먹는다면 오히려 위점막을 보호하는 효능이 있습니다.

하루 세 알 건강반찬

마늘장아찌

햇마늘로 장아찌를 담그면 보관도 오래되고, 아삭하면서 맛있어요.
마늘은 하루에 2~3쪽이면 적당하고, 우유를 마시면 마늘냄새가 완화돼요.

만드는 시간 15분

4인분

난이도

칼로리 15 Kcal

이렇게 필요해요

대표재료 햇통마늘(20개), 마른고추(2개), 생강(1/2쪽)

절임간장 물(1컵),식초(1컵), 진간장(1컵), 설탕(1컵)

1 냄비에 절임간장을 넣고, 한소끔 끓여서 식히세요.

마늘을 통째로 쓸 경우는 뿌리를 잘라내고 2겹의 속 껍질만 남겨서 담그세요.

2 마늘은 껍질을 까서 물로 씻은 다음, 체에 받쳐 물기를 빼주세요.

실온에 둘 때 햇빛을 보면 마늘이 파래지니 검은 봉지를 씌워서 두세요.

3 소독한 유리용기에 마늘과 고추, 생강을 넣고, 절임간장을 부어 냉장보관 하세요.

친절한 비법전수

장아찌에 마른고추와 생강을 넣으면 매운향이 절임간장에 배어 더욱 깔끔한 맛이 나요.

이재료의 효능은?

마늘에 들어 있는 알리신이라는 물질은 강한 항균 및 살균 작용이 있어서 식중독을 예방하고, 감기와 암의 예방에도 좋습니다. 또한 피로 회복과 고혈압 예방에 좋으며, 냉한 체질을 개선하는 데에도 도움을 줍니다. 그리고 수은과 같은 중금속을 해독하는 성분이 들어 있습니다.

햇양파로 아삭하게 담그세요!

양파장아찌

7월~9월이 제철인 햇양파로 아삭하게 양파장아찌를 담가 매일 몇 조각씩 먹으면 불면증이나 원기회복에 좋아요. 여름철 열대야로 뒤척일 때 자른 양파를 베개 근처에 두면 잠이 잘 온다고 하네요.

만드는 시간 15분

4인분

난이도

칼로리 18 Kcal

이렇게 필요해요

대표재료 햇양파(4개=800g), 풋고추(6개)

절임간장 물(2컵), 진간장(1컵), 식초(1/2컵), 설탕(1/2컵), 마른고추(2개), 생강(1/2쪽)

1 양파는 껍질을 벗기고 씻은 다음, 물기를 없애 4등분하고, 풋고추는 동그랗게 썰어주세요.

2 냄비에 절임간장을 넣고, 생강과 마른고추도 썰어서 넣어요. 가라앉은 설탕이 녹게 젓고, 팔팔 끓기 시작하면 불을 끄세요.

절임간장을 다시 끓여서 넣으면 보관이 오래되고 맛도 더 좋아요.

3 절임간장이 뜨거울 때 붓고, 식힌 후에 냉장보관 하세요. 20일 후 국물을 따라내 다시 끓여서 식힌 다음 부어주세요.

친절한 비법전수

씹히는 맛이 아삭거리는 장아찌를 만들려면 절임장이 뜨거울 때 바로 부어주어야 합니다.

이재료의 효능은?

양파는 원기회복에 좋고, 불면증에 효과가 있습니다. 또한 혈당을 낮추어 당뇨병에 좋으며, 뇌출혈을 예방하는 효과가 있습니다. 칼로리가 낮아 다이어트에 좋으며, 양파의 매운 맛과 냄새를 내는 성분이 소화를 촉진하는데 도움을 줍니다. 그리고 발암 물질을 억제하고, 니코틴이나 중금속, 각종 독성 물질을 해독합니다.

느끼함을 없애주는 매콤한 맛

고추피클

고추피클은 덜 매운 고추로 아삭하게 담은 피클이에요.
느끼한 것을 먹을 때 곁들여 먹으면 좋아요.

만드는 시간 15분

6인분

난이도

칼로리 13 Kcal

이렇게 필요해요

대표재료 풋고추(20개), 청량고추(2개), 홍고추(2개)

단촛물 물(2컵), 식초(1컵), 설탕(1/3컵), 천일염(2큰술), 피클링스파이스(1작은술)

1 모든 고추는 씻은 다음 꼭지를 따서, 청량고추는 어슷썰고, 풋고추, 홍고추는 동그랗게 썰어주세요.

2 단촛물을 담고, 가라앉은 설탕과 소금이 녹게 저어가면서 끓이다가, 팔팔 끓으면 불을 끄고 식히세요.

3 소독한 유리용기에 고추를 담고 단촛물을 붓고, 냉장보관해서 3일 후부터 드세요.

친절한 비법전수

피클링스파이스는 여러 향신료가 섞여있어 피클을 만들 때 넣으면 향이나 맛이 좋아져요. 대형마트나 백화점, 제빵 재료점에서 살 수 있어요.

이재료의 효능은?

식초에 들어 있는 유기산은 몸속의 젖산을 없애고, 스트레스와 피로가 쌓이는 것을 막아주어 춘곤증 예방에 좋습니다. 또한 식초가 장 속을 살균하기 때문에 배탈과 설사를 예방합니다.

위암 예방에 좋은

브로콜리피클

위를 보호하고 암예방에 좋은 브로콜리와 콜리플라워로 피클을 만들면 상큼한 맛과 건강까지 지키는 건강반찬이 되지요. 브로콜리와 콜리플라워는 지중해가 원산지고, 꽃 부분을 먹는 채소예요.

만드는 시간 15분

4인분

난이도

칼로리 20 Kcal

이렇게 필요해요

대표재료 브로콜리(1송이=250g), 콜리플라워(1/2송이=250g), 파프리카(1/2개), 굵은소금(조금)

단촛물 물(2컵), 식초(1컵), 설탕(1/2컵), 굵은소금(2큰술), 피클링스파이스(1큰술)

1 브로콜리와 콜리플라워는 굵은 대를 자르고, 작은 송이로 나누어서 물로 씻고, 파프리카도 먹기 좋게 잘라주세요.

브로콜리를 넣고 물이 우르르 끓어오르기 시작하면 불을 끄세요.

2 끓는 물에 굵은소금을 넣고, 브로콜리와 콜리플라워를 살짝 데쳐 바로 찬물에 담가 식힌 후, 물기를 빼세요.

3 단촛물 재료를 모두 넣고, 설탕이 가라앉지 않게 저어가면서 한소끔 끓어오르면 불을 끄세요.

4 소독한 유리용기에 브로콜리와 콜리플라워, 파프리카가 잠기도록 뜨거운 단촛물을 붓고 식혀서 냉장보관 하세요.

친절한 비법전수

브로콜리와 콜리플라워를 살짝 데쳐주면 식감이 부드럽고, 맛도 고소해져요.

이재료의 효능은?

미국 '타임지'에서 '건강에 좋은 10가지 식품' 중 하나로 선정된 브로콜리는 비타민K가 많이 들어 있어서 뼈에서 칼슘이 빠져나가는 것을 방지하여 뼈를 튼튼하게 합니다. 브로콜리의 설포라판 성분은 강력한 항암 효과를 가지고 있는데, 뜨거운 물에 데치거나 찔 때 이 설포라판의 양이 많아집니다. 또한 비타민U가 풍부하여 위를 보호하고 위장병을 예방합니다.

매력적인 자주색으로 물든

양배추비트피클

하얀 양배추에 비트를 넣어서 예쁘게 물을 들인 피클. 자주색이 눈도 즐겁게 하고, 입도 즐겁게 해요. 비트는 자주색을 띤 동그란 무예요.

만드는 시간 15분

6인분

난이도

칼로리 19 Kcal

이런게 필요해요

대표재료 꼬마양배추(1/4통=220g), 콜리플라워(1/4송이), 햇양파(1개), 비트(1/8개), 식초(조금)

단촛물 물(2컵), 식초(1컵), 설탕(1/2컵), 굵은소금(2큰술) 피클링스파이스(1큰술)

1 콜리플라워는 작은 송이로 나눕니다. 끓는 물에 식초를 조금 넣고 살짝 데친 다음, 찬물에 헹궈요.

2 단촛물 재료를 넣고, 설탕이 가라앉지 않게 저어가면서 한소끔 끓어오르면 불을 끄고 식히세요.

3 냄비에 유리병을 거꾸로 세우고, 물이 끓어올라 소독이 되면 꺼내서 완전히 건조시키세요.

4 유리병에 콜리플라워를 넣고 양배추와 양파, 비트를 먹기 좋게 썰어서 담아요. 식힌 단촛물을 붓고, 냉장고에 넣어 3일 후에 드세요.

이재료의 효능은?

비트는 적혈구를 생산하는데 도움을 주고, 혈액을 맑게 만들고, 여성 호르몬을 만드는데 도움을 주어 갱년기 건강에 좋은 식품입니다. 또한 빈혈을 완화시키고 항암 효과도 가지고 있으며, 피부 손상을 치료하는 효능도 가지고 있습니다.

입 안 가득 상큼한 활력소

오이피클

상큼한 오이와 영양이 풍부한 브로콜리와 파프리카로 만든 새콤달콤한 피클이에요.
아삭하게 만드는 비법을 알려드릴 테니 이젠 집에서 만들어 먹어요!

만드는 시간 15분

6인분

난이도

칼로리 20 Kcal

이렇게 필요해요

대표재료 오이(3개), 브로콜리(1/4송이), 파프리카(1개), 굵은소금

단촛물 물(1컵), 식초(1컵), 설탕(1컵), 굵은소금(1큰술), 피클링스파이스(1/2큰술)

1 브로콜리는 굵은 대를 자르고 작은 송이로 나눠요. 끓는 물에 굵은소금 넣고, 살짝만 데쳐서 찬물에 헹구세요.

2 브로콜리는 체에 받쳐 물기를 빼고, 오이는 굵은소금으로 문질러 씻어 동그랗게 썰고, 파프리카는 네모나게 썰어주세요.

3 단촛물을 담아 설탕이 잘 녹게 간간이 젓고, 끓어오르면 불을 끄세요.

4 단촛물이 뜨거울 때 재료가 잠기도록 부은 다음, 식혀서 냉장고에 넣고 3일 후에 드세요.

친절한 비법전수

피클이나 장아찌를 담글 때 재료가 단단한 양파나 오이, 브로콜리 등은 단촛물이 뜨거울 때 바로 붓고, 재료가 비교적 무른 양배추 같은 것은 단촛물을 식혀서 부어주세요.

이 재료의 효능은?

오이는 95%가 수분으로 되어 있을 정도로 수분 함량이 높아서 갈증 해소에 좋으며, 비타민C가 들어 있어 감기 예방에도 좋습니다. 오이는 피부 미용 재료로도 좋은데, 오이 안에 들어있는 비타민과 엽록소는 미백 효과가 있으며, 칼륨이 노폐물을 제거해 주고, 수분을 많이 함유하고 있어 보습 효과도 가지고 있습니다.

고추장이 스며든 깊은 맛

더덕장아찌

고추장의 깊은 맛이 배어 부드러운 더덕장아찌예요.
잘 익은 더덕장아찌 하나만 있으면 밥 한 공기가 금방 없어지는 특별한 반찬이 돼요.

친절한 비법전수
더덕장아찌를 오래두고 먹는 방법은, 절임양념장을 한번 끓인 다음 더덕에 발라주는 거예요.

만드는 시간 1일 이상
4인분
난이도
칼로리 50 Kcal

이렇게 필요해요
대표재료 더덕(4줌=400g), 매실액(3큰술) **절임양념장** 고추장(2+1/2컵), 국간장(1/3컵), 식초(3큰술)
무칠때 더덕장아찌(1줌), 참기름(1작은술), 통깨(1/2작은술), 다진파(1작은술)

1 더덕은 껍질을 벗기고 굵은 것은 반으로 갈라요. 반음지에서 꾸덕꾸덕하게 말리세요.

2 방망이로 두드리거나 밀어서 더덕을 부드럽게 펴세요.

3 절임양념장을 끓인 다음, 식혀서 매실액을 넣고 섞으세요. 더덕에 발라서 소독한 저장용기에 넣어 냉장실에서 2주일간 보관 하세요.

이 재료의 효능은?

한방에서는 더덕의 약효가 인삼 못지않다는 말이 있습니다. 이것은 인삼에 많이 들어 있는 사포닌 성분이 더덕에도 풍부하기 때문입니다. 더덕은 강장 식품으로 정력을 높여주고, 기침과 가래를 없애주는 효능이 있습니다.

menu
Have Some more meal!
just eat

PART 7. 별미요리

매일 매일 같은 반찬에 같은 밥을 먹다보면 가끔씩 색다른 요리가 생각납니다. 입맛이 없거나 생일과 같은 특별한 날이나 기분전환을 하고 싶을 때에는 더욱 그렇죠. 어렵게 외식을 결정하고 의기양양하게 거리의 음식점으로 향합니다. 그런데 처음 기대와는 달리 음식 맛에 가끔은 실망하기도 합니다. 그래서 특별한 별미요리를 직접 만들어 보았어요. 이번 파트에서는 특별하지만 만들기 쉬운 요리, 건강을 생각한 요리, 요즘 사람들이 선호하는 요리, 엄마가 해주시던 추억의 요리까지 함께 만들어 봐요!

잔칫상을 푸짐하게 만드는

잡채

탄력있는 당면과 갖가지 야채가 어우러져 언제 먹어도 맛있는 잡채예요.
잔칫날과 생일상에 빠지면 섭섭한 음식이죠.
맛있게 잡채를 만들려면 각각의 야채와 당면에 밑간을 해야 한다는 것을 잊지 마세요!

친절한 비법전수

당면을 알맞게 삶는 비법은
첫째로 미리 미지근한 물에 30분간 담가 불려서,
끓는 물에 4분 정도 삶아 주세요.
둘째로 삶은 당면이 더 이상 불지 않도록 뜨거울 때
참기름을 발라두는 거예요. 당면을 불리지 않고
바로 삶을 때는 8분 정도 삶으세요.

만드는 시간 40분

4인분

난이도

칼로리 191 Kcal

이렇게 필요해요

대표재료 당면(1줌=100g), 표고버섯(4개), 느타리버섯(1줌=100g), 양파(1/2개), 당근(1/2개), 식용유, 시금치(1줌=100g), 천일염

당면밑간 진간장(2큰술), 설탕(1/2큰술), 참기름(1큰술), 통깨(1작은술)

시금치밑간 참기름(1/2작은술), 설탕(1/2작은술), 소금(조금)

표고버섯밑간 국간장(1작은술), 설탕(1/2작은술), 참기름(1/2작은술)

느타리버섯밑간 국간장(1/2작은술), 설탕(1/2작은술), 참기름(1/2작은술)

1 당면은 미지근한 물에 30분 정도 담가서 불리세요.

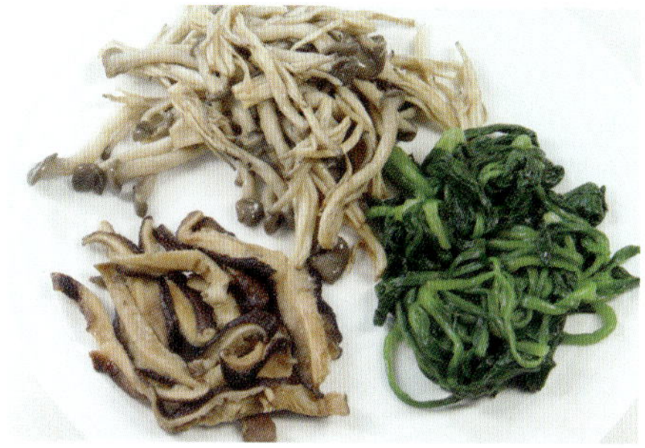

2 시금치와 표고버섯, 느타리버섯은 물로 한번 씻어서, 끓는 물에 천일염을 넣고 살짝 데치세요. 찬물에 헹구어 물기를 짠 다음, 밑간을 하세요.

3 양파와 당근은 가늘게 채 썰어서 가열한 팬에 식용유를 조금만 둘러서 센불에서 볶아주고, 표고버섯과 느타리버섯도 살짝 볶아주세요.

4 당면은 뚜껑을 연 채로 중간불에서 4분 정도 투명하게 삶으세요. 뜨거운 채로 물기 빠지게 채반에 건지고, 가위로 몇 번 자릅니다.

5 가열한 팬에 식용유를 둘러 당면을 넣고, 당면 밑간양념을 넣어서 간이 배게 볶아주세요.

6 넓은 그릇에 볶은 당면과 볶은 양파와 당근, 표고버섯, 느타리버섯을 넣어 버무려요. 한 김 식혀서 시금치를 넣고 버무리고, 부족한 간은 진간장이나 소금, 설탕을 더 넣어주세요.

이재료의 효능은?

표고버섯에 있는 레티난 성분은 항암 효과와 항바이러스 효과를 가지고 있으며, 인체의 면역 체계를 높여주는 효능을 가지고 있습니다. 또한 단백질, 칼륨, 칼슘, 구리, 철, 인 등의 영양 성분을 골고루 갖추고 있으면서도 칼로리가 낮아 성인병 예방과 다이어트 식품으로 아주 훌륭합니다. 표고버섯을 많이 먹으면 스트레스 해소에 좋고, 몸과 마음이 편안해져서 안색도 좋아집니다.

틈만 나면 먹고 싶은

떡볶이

떡볶이는 언제 먹어도 맛있고, 뒤돌아서면 또 생각나는 저의 군것질꺼리예요.
동네의 맛있는 떡볶이 집은 다 알고 있죠~ 그래서 떡볶이도 자주 만들어 먹는데요.
이것저것 해보다 찾은 맛이 바로 카레가 들어간 떡볶이! 고추장을 더 맛깔나게 해주네요.

만드는 시간 25분

4인분

난이도

칼로리 225 Kcal

이렇게 필요해요

대표재료 쌀떡(2줌=400g), 사각어묵(3장), 양배추(2줌=200g), 양파(1/2개), 당근(1토막), 깻잎(5장), 대파(1/2대), 통깨(조금) **양념장** 고추장(3큰술), 고춧가루(1큰술), 진간장(1큰술), 물엿(2큰술), 설탕(1/2큰술), 다진마늘(1큰술), 카레가루(1/2작은술) **멸치다시마국물** 물(4컵), 멸치(15마리), 다시마(10cm1장)

친절한 비법전수

아이들이 먹을 때 매운맛이 강하면 케첩 1큰술을 넣어주세요. 매운맛이 덜해요.

1 물과 멸치를 넣어 끓기 시작하면, 다시마를 넣고 15분간 더 끓여서 멸치다시마국물을 만드세요.

2 양배추와 양파, 깻잎은 굵게 채 썰고, 당근은 길게 채 썰고, 대파는 어슷 썰고, 양념장을 한 곳에 미리 만들어 두세요.

3 끓는 물에 쌀떡을 말랑하게 데치고, 어묵도 한 입 크기로 썰어서 데치고, 찬물에 헹궈 물기를 빼주세요.

4 멸치다시마국물이 끓기 시작하면, 양념장을 넣어주세요.

5 어묵과 양배추, 양파, 당근, 떡을 한꺼번에 넣고 끓이다가 떡에 간이 배고 국물이 걸쭉하게 되면 깻잎과 대파, 통깨를 넣고, 가볍게 섞어주세요.

이재료의 효능은?

고추장의 주재료인 고춧가루에는 매운맛을 내는 캡사이신 성분이 많이 들어 있는데, 이 성분이 식중독균을 죽이고 암을 억제합니다. 또한 열량 소모를 늘려서 몸속의 체지방을 줄여주는 역할을 합니다. 고춧가루 보다는 고추장이 체지방이 줄어드는 효과가 큰데, 이것은 고추장으로 발효하는 과정에서 더 좋은 성분들이 많이 생기기 때문입니다.

온가족이 만들어서 푸짐하게 먹는

김치만두와 고기만두

정성스럽게 만두소를 준비해서 예쁘게 빚은 만두. 온 가족이 빚어야 더 맛있는 만두가 만들어지죠! 한 솥 찌는 대로 바로 없어지는 우리 집 만두만의 비법을 공개합니다!

친절한 비법전수

만두피가 얇고 쫄깃해야 만두가 맛있는데요. 만두피를 얇게 하려면 반죽을 잘 해야 돼요. 물기가 부족하다 싶을 정도로 된듯하게 반죽을 해서 비닐 팩에 싼 다음, 겨울에는 따뜻한 이불 속에 넣어 30분 정도 두었다가 꺼내어 다시 한 번 손으로 치대서 30분 정도 더 두세요.

만드는 시간 4시간
각 40개 분량
난이도
칼로리 590 Kcal

이런게 필요해요

*김치만두
대표재료 김치(3줌=750g), 두부(2/3모), 부추(1줌=40g), 당면(1줌=50g), 달걀(1개), 다진파(3큰술)
소양념 고춧가루(1큰술), 다진마늘(1큰술), 생강가루(1/3작은술), 참기름(3큰술), 볶은소금(2/3작은술), 통깨(2큰술), 후춧가루(조금)

*고기만두
대표재료 다진돼지고기안심(1줌=160g), 부추(2줌=80g), 당면(1줌=50g), 당근(4cm1토막), 표고버섯(2개), 달걀(1개), 다진파(3큰술)
고기밑간 청주(1작은술), 생강가루(1/3작은술), 볶은소금(1/4작은술), 후춧가루(조금)
소양념 다진마늘(1큰술), 참기름(1큰술), 통깨(1큰술), 소금(2/3작은술), 후춧가루(조금)

*만두피반죽 밀가루(6+1/2컵), 물(1+1/2컵), 소금(1/3작은술), 식용유(1큰술)

1 밀가루에 식용유를 떨어뜨리고 물에 소금을 녹여 조금씩 부어가면서 된듯하게 반죽을 한 다음, 비닐팩에 담아 숙성시키세요.

2 돼지고기는 밑간을 해서 30분 정도 두고, 가열한 팬에 기름 없이 볶아주세요.

3 김치는 잘게 다져서 면보나 깨끗하게 씻은 양파 망에 넣어서 물기를 꼭 짜주세요.

4 표고버섯과 당근, 부추는 잘게 다지고, 두부는 물기를 제거해서 으깨주세요.

5 냄비에 물이 끓기 시작하면 당면을 넣고 9분간 푹 삶고, 찬물에 헹군 다음 물기를 빼고, 가위로 잘게 썰어주세요.

6 김치만두소와 고기만두소를 각각의 양념대로 넣어서 준비하고 골고루 섞어주세요.

7 자른 반죽을 길게 막대모양으로 만들어 한 마디씩 잘라요. 밀가루를 묻혀서 밀대로 둥글고 얇게 밀어주세요.

8 만두소를 넣고 빚은 다음, 찜통에 물이 끓기 시작하면 만두를 넣고 6분간 찌고, 한 김 식혀서 서로 달라붙지 않게 참기름을 발라두세요.

이 재료의 효능은?

두부에 들어있는 레시틴 성분은 어린이의 두뇌 발달을 돕고, 집중력을 향상시킵니다. 또한 콜레스테롤 수치를 낮추어서 성인병 예방에 탁월하며, 칼슘이 많아서 뼈를 튼튼하게 합니다. 조금만 먹어도 포만감을 주기 때문에 다이어트 식품으로도 훌륭합니다. 주의할 점은 신장 기능이 좋지 않은 사람은 많이 먹지 않는 것이 좋습니다.

밥 따로 양념 따로

충무김밥

김밥과 속 양념을 따로 먹는 충무 김밥. 매콤하게 양념한 오징어와 새콤달콤한 무김치가 고소하게 양념한 밥과 만나서 자꾸자꾸 먹고 싶게 만드네요.

친절한 비법전수

무는 체에 받쳐서 3~4시간정도 물기를 빼줘야 꼬들꼬들해져요. 무김치는 담가서 1~2일 정도 상온에서 익힌 다음, 냉장고에서 2일정도 두면 더 맛있어요.

만드는 시간 1시간

2인분

난이도

칼로리 412 Kcal

이렇게 필요해요

대표재료 김(2장), 오징어(1마리), 무(1/2토막=400g), 천일염(1큰술)

밥짓기 쌀(3컵), 다시마(5cm1장), 맛술(1큰술)

밥양념 참기름(1작은술), 볶은소금(1/2작은술), 통깨(1작은술)

무양념 고춧가루(1+1/2큰술), 까나리액젓(1큰술), 찹쌀풀(1큰술), 다진마늘(1큰술), 설탕(1작은술), 식초(1작은술), 생강가루(1/2작은술)

오징어양념 고춧가루(2큰술), 진간장(1큰술), 참기름(1작은술), 다진마늘(1큰술), 깨소금(1작은술), 맛술(1큰술)

1 무는 한 입 크기로 깍뚝 썰어, 천일염 1큰술을 얹어서 30분간 절이고, 채반에 받쳐서 물기를 빼세요. 쌀은 씻어서 1.1배의 물을 붓고, 다시마와 맛술을 넣고 밥을 안치세요.

2 오징어는 종이타월을 이용해서 껍질을 벗겨서 끓는 물에 살짝만 데치고, 찬물로 헹구지 말고 물기를 빼주세요.

3 오징어는 먹기 좋게 썰어서 양념장에 무치세요.

4 밥이 다되면 뜨거울 때 밥 2공기와 밥양념을 넣어서 비벼두세요.

5 무양념을 만든 다음, 절인 무에 골고루 무치세요.

6 구운 김은 6~8등분하여 양념한 밥을 한 숟가락씩 떠서 돌돌 만 다음, 오징어무침과 무김치를 곁들여서 드세요.

이재료의 효능은?

오징어 자체가 콜레스테롤이 높은 음식에 속하지만 타우린 성분도 함께 가지고 있어 큰 걱정할 필요가 없습니다. 오징어의 타우린은 피로 회복과 콜레스테롤을 감소시키는 효과가 있습니다. 타우린이 당뇨와 성인병을 예방합니다. 타우린은 우리들이 많이 마시는 피로 회복제 음료의 주요 성분이라고 합니다. 또한 오징어에는 DHA가 풍부하여 두뇌 발달과 치매 예방에 좋은 식품입니다.

원기회복에 좋은 보양식

전복죽

전복의 내장까지 모두 들어가 영양이 가득한 보양식이에요.
찹쌀을 푹 끓여서 소화도 잘 되고, 전복의 비린내가 전혀 없어 고소하게 드실 수 있어요.

만드는 시간 60분
3인분
난이도
칼로리 405 Kcal

이렇게 필요해요

대표재료 전복(2개), 찹쌀(1컵), 김가루
양념 물(6컵), 참기름(2큰술), 소금, 통깨

친절한 비법전수

전복을 손질할 때는 칫솔로 껍데기와 살이 맞닿는 부분을 문질러서 깨끗이 닦아주고, 뜨거운 물을 등껍질 쪽에 끼얹으면 껍질과 살이 분리가 잘 돼요. 수저로 내장과 살을 분리하고, 이빨도 제거하세요.

1 찹쌀은 3번 정도 씻어서 물을 담아 30분 정도 불리세요.

2 전복은 손질해서 고명용은 큼직하게 썰고, 모양이 안 좋은 부분은 잘게 다져서 찹쌀을 끓일 때 같이 넣어주세요. 내장도 따로 담아두세요.

3 가열한 냄비에 참기름 1작은술을 두르고, 먼저 고명으로 쓸 전복살을 살짝만 볶아서 익히고, 잘게 다진 전복살도 넣어서 볶은 후, 따로 담아두세요.

4 전복살을 볶은 냄비에 다시 참기름 1작은술을 두르고, 내장을 넣어 볶다가 물 6컵을 넣고 끓여서 체에 받쳐 곱게 내려주세요.

5 가열한 냄비에 참기름 1큰술을 두르고, 불린 찹쌀을 넣고 투명할 때까지 중간불에서 볶다가 내장 끓인 물을 넣어요. 끓기 시작하면 약한불로 30분 정도 끓이세요.

6 밥알이 퍼지고 걸쭉해지면 잘게 다진 전복살을 넣고, 소금간을 해서 한 그릇 죽을 담으세요. 전복 고명을 올리고 김가루와 깨소금을 얹어서 고소함을 더하세요.

이 재료의 효능은?

전복은 원기 회복과 피로 회복에 좋은 보양 식품으로, 비타민B군, 칼슘, 인 등이 많이 들어 있어 산모의 젖이 잘 나오게 하는 효능이 있습니다. 또한 타우린이 많아 간을 해독하고, 눈과 귀의 기능을 좋게 하는 효능이 있으며, 단백질이 많으면서도 지방은 적어 고혈압, 당뇨병, 동맥경화 등의 성인병에 좋습니다.

생크림이 들어가 촉촉하고 부드러운

생초콜릿

전문적인 도구 없이 집에서도 쉽게 초콜릿을 만들어 봐요. 생크림이 들어가 일반 초콜릿보다 더 촉촉하고 단맛이 덜해요. 입 안에서 녹여 먹으니 기분까지 좋아져요~

만드는 시간 1시간

4인분

난이도

칼로리 311 Kcal

이렇게 필요해요

대표재료 다크커버처 초콜릿(200g), 생크림(100ml)
장식 데코파우더, 코코넛가루, 코코아파우더

친절한 비법전수

생초콜릿은 생크림과 초콜릿이 1:2 비율이에요. 생크림이 끓기 직전에 불에서 내린 다음, 초콜릿을 넣고 녹이는 과정이 중요해요. 생크림이 너무 끓지 않도록 주의하세요. 초콜릿 재료는 대형마트나 제과 재료를 파는 곳에 가면 살 수 있어요.

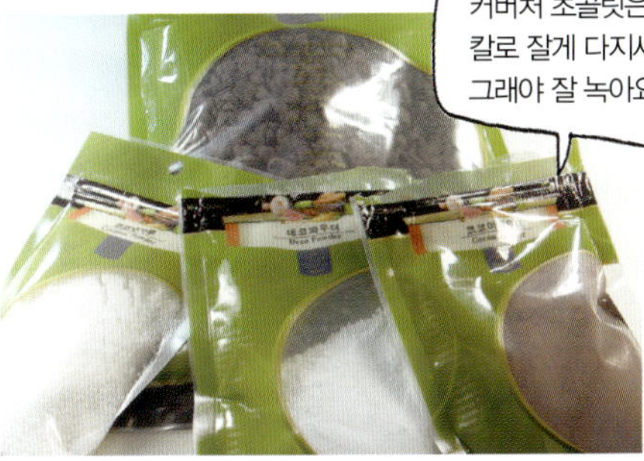

1 작은 크기의 다크커버처 초콜릿, 데코파우더, 코코넛가루, 코코아파우더를 준비하세요.

2 생크림을 냄비에 넣고, 끓기 직전에 얼른 불을 끄세요.

3 커버처 초콜릿을 넣고, 실리콘 주걱으로 녹을 때까지 저어주세요.

4 초콜릿이 녹으면 모양 틀에 붓거나, 말린 우유팩을 반 잘라 틀을 만들어서 1/2 정도 높이까지 부어요. 랩을 씌어서 냉장실에 넣고 1시간 정도 굳히세요.

5 굳은 초콜릿에 데코파우더를 골고루 뿌려주고, 코코넛가루나 코코아파우더를 뿌려서 장식을 하세요.

6 우유팩의 사면을 넓게 펴고 칼로 네모모양으로 잘라, 초콜릿 유산지컵에 올려서 포장을 하거나, 지퍼팩에 넣고 냉동보관해서 드세요.

이 재료의 효능은?

초콜릿의 주원료인 카카오에는 폴리페놀이 많이 함유되어 활성 산소의 작용을 억제하여 콜레스테롤이 쌓이는 것을 막으며, 세균이 들어오는 것을 막아줍니다. 카카오는 입 안의 박테리아 성장을 막아주어 충치를 예방합니다. 초콜릿은 피로를 회복하고 스트레스를 완화하며, 심장병 발병률을 낮추어 줍니다. 또한 초콜릿의 카페인은 우울한 기분을 완화하고 신경을 안정시키는 효능이 있습니다.

순수한 감자의 변신

감자샐러드

삶은 감자와 잘게 다진 야채를 함께 버무린 떠먹는 샐러드예요.
출출할 때 간식으로 그만이지요.

만드는 시간 20분
4인분
난이도
칼로리 242Kcal

이런게 필요해요

대표재료 감자(중간크기 3개=250g), 오이(3cm 1토막), 당근(3cm 1토막), 다진브로콜리(2큰술) **오이절임물** 물(1/2컵), 천일염(1/2작은술) **감자양념** 설탕(1/2작은술), 볶은소금(1/4작은술) **샐러드양념** 마요네즈(2큰술), 플레인요구르트(1큰술), 후춧가루(조금)

1 감자는 껍질을 깎아 4등분해서 끓는 물에 13분간 삶아주세요.

브로콜리는 끓는 물에 살짝 데치세요.

2 오이는 채 썰어서 절임물에 10분간 담가두고, 당근과 브로콜리는 잘게 다져주세요.

3 익은 감자는 물기를 없애고, 설탕 1/2작은술과 소금 1/4작은술을 넣어서 뜨거울 때 으깨주세요.

톡톡 씹히게 옥수수콘을 넣어도 좋아요.

4 으깬 감자에 오이와 당근, 브로콜리를 넣고, 마요네즈, 플레인요구르트, 후춧가루를 뿌려서 골고루 버무려주세요.

이 재료의 효능은?

감자는 소화가 잘 되고 위장을 보호하는 효능을 가지고 있습니다. 그리고 식이섬유소가 풍부하고 대장의 운동을 자극하여 변비에 좋으며, 몸 안에 남아 있는 염분을 밖으로 배출시키는 효능을 가지고 있습니다. 또한 감자는 다양한 영양 성분이 풍부하면서도 칼로리가 낮아 다이어트 식품으로도 훌륭합니다.

요거 먹고 싶을 때가 있어요!

고구마샐러드

고구마로 만든 달콤한 샐러드예요. 고구마에 사과와 호두를 넣어서 씹히는 맛도 좋고요.
식빵에 발라서 샌드위치를 해서 먹어도 맛있어요.

친절한 비법전수

고구마 껍질에도 영양이 있으니 벗겨내지 말고 그대로 드시면 좋아요.

만드는 시간 30분

4인분

난이도

칼로리 298 Kcal

이런게 필요해요

대표재료 고구마(중간크기1개=250g), 사과(1/4개), 다진브로콜리(2큰술), 호두(2알), 건포도(1큰술)

고구마양념 꿀(1/2큰술=설탕), 볶은소금(1/3작은술)

샐러드양념 마요네즈(1큰술), 머스터드(1/2큰술), 플레인요구르트(2큰술)

1 고구마는 깨끗이 씻어서 껍질째 듬성듬성 잘라 20분간 쪄 주세요.

2 브로콜리는 끓는 물에 살짝 데쳐서 잘게 썰고, 사과와 호두도 잘게 썰고, 건포도도 준비해주세요.

3 찐 고구마는 꿀과 소금을 넣고, 뜨거울 때 으깨주세요.

4 다진 브로콜리와 사과, 호두, 건포도를 넣고, 마요네즈, 플레인요구르트, 머스터드를 뿌려서 골고루 버무려주세요.

이재료의 효능은?

고구마에는 마그네슘이 많이 들어 있어서 혈관을 확장시키고, 나트륨을 몸 밖으로 배출시켜서 혈압을 내리는 효능이 있습니다. 식물섬유가 풍부하여 변비 개선에 도움이 되며, 피부 미용에도 좋은 식품입니다. 그리고 고구마를 찌거나 가열해도 영양 손실이 많지 않은 장점이 있습니다.

고소한 견과류와 달콤한 단호박

단호박샐러드

단호박을 껍질째 으깨서 건포도나 견과류와 같이 버무려 촉촉하게 먹는 샐러드예요.
일부러 이걸 먹으러 피자가게나 레스토랑에 가지 말고 집에서 만들어서 맛있게 즐겨요.

만드는 시간 30분

4인분

난이도

칼로리 233 Kcal

이렇게 필요해요

대표재료 호박(1/2통=350g), 당근(1/4개), 건포도(2큰술), 아몬드슬라이스(1큰술), 캔옥수수(2큰술), 해바라기씨(1큰술)

샐러드양념 머스터드(1/2큰술), 꿀(1/2큰술), 마요네즈(2큰술), 우유(1큰술), 볶은소금(조금)

1 단호박은 껍질을 깨끗이 씻은 다음 반을 갈라 수저로 씨를 빼내고, 당근도 껍질을 깎아서 찜통에 물을 넣고 15분 정도 쪄주세요.

2 익은 단호박은 그릇에 담아 성글게 으깨주고, 당근은 네모나게 썰어 담으세요.

3 건포도, 아몬드슬라이스, 캔옥수수, 해바라기씨를 넣고, 샐러드 양념을 뿌려서 골고루 버무려요.

이 재료의 효능은?

해바라기씨에는 피토스테롤 성분이 많이 들어 있어 콜레스테롤 수치를 낮추고 고혈압과 동맥경화를 예방해 줍니다. 또한 해바라기씨의 리놀레산은 혈전이 생기는 것을 막아 심장질환을 예방해 주는 효능이 있습니다.

어른들 입맛에도 맞는 오리엔탈드레싱

양상추샐러드

아삭한 양상추를 오리엔탈드레싱에 버무려 먹는 샐러드예요. 오리엔탈드레싱은 간장이나 참기름, 마늘 등을 넣은 한국식 소스로 어른들의 입맛에도 잘 맞아요.

만드는 시간 15분

2인분

난이도

칼로리 110 Kcal

이런게 필요해요

대표재료 양상추(3장), 치커리(2장), 비타민(3장), 겨자잎(2장), 방울토마토(3개), 파프리카(1/4개) **오리엔탈드레싱** 진간장(1큰술), 올리브유(1큰술), 레몬즙(1큰술), 식초(1작은술), 참기름(1작은술), 설탕(1작은술), 깨소금(1/2작은술), 다진마늘(1/3작은술), 볶은소금(조금)

1 채소들을 흐르는 물에 씻어서 손으로 먹기 좋게 뜯고 얼음물에 담가 아삭거리게 하세요.

2 오리엔탈드레싱을 한 곳에 담아서 잘 섞어두고, 채소는 체에 받쳐 물기를 빼주세요.

3 예쁜 접시에 담아서 먹기 직전에 소스를 뿌려주세요.

친절한 비법전수

채소의 물기를 손쉽게 없애는 방법은 키친타월 3장을 비닐팩 안에 깔고, 그 위에 채소를 올려서 위아래로 가볍게 흔들어주면 돼요.

이재료의 효능은?

양상추는 신진대사를 활발하게 하고, 철분과 무기질이 풍부하여 혈액을 늘려주고 빈혈을 예방합니다. 양상추의 줄기에는 우유빛을 내는 알칼로이드 성분이 들어 있는데 이것이 신경을 안정시키고, 불면증을 예방하는 효능을 가지고 있습니다. 또한 뼈가 만들어지는데 도움을 주는 성분과 칼슘이 많아 뼈를 튼튼하게 하고 골다공증을 예방합니다.

상큼한 한 접시

키위드레싱샐러드

키위를 통째로 갈아서 꿀을 넣어 만든 드레싱이에요.
싱싱한 양상추와 갖가지 야채들 위에 얹어 먹는 키위드레싱샐러드는 비타민이 가득한 한 접시예요.

만드는 시간 15분

2인분

난이도

칼로리 140 Kcal

이렇게 필요해요

대표재료 양상추(3장), 치커리(2장), 비타민(3장), 겨자잎(2장), 방울토마토(3개), 파프리카(1/4개), 건포도(1큰술), 아몬드슬라이스(1큰술) **키위드레싱** 키위(1개), 플레인요구르트(1/2통=50g), 꿀(1큰술=설탕), 마요네즈(1큰술), 볶은소금(조금)

1 채소들을 흐르는 물에 씻어서 손으로 먹기 좋게 뜯고, 얼음물에 담가두세요.

2 아삭하게 살아난 채소들은 물기를 빼주고, 키위드레싱 양념은 믹서기에 곱게 갈아주세요.

친절한 비법전수

덜 익어 딱딱한 키위는 사과나 바나나와 함께 봉지 속에 넣어두면 숙성이 잘 돼요.

3 예쁜 접시에 담아서 먹기 직전에 소스를 뿌리고, 건포도와 아몬드슬라이스를 올려주세요.

이 재료의 효능은?

키위에는 비타민C가 풍부하여 활성 산소를 제거하고 면역력을 길러주며, 단백질 분해 효소인 아쿠티진이 있어 소화를 도와줍니다. 식이섬유소가 풍부하여 변비를 예방하고 피로회복에 좋으며, 혈중 콜레스테롤 수치를 낮추어 고혈압과 동맥경화를 예방해 줍니다.

혼자만 먹기 정말 아까운

치킨샐러드

닭가슴살을 바삭하게 튀겨서 아삭한 야채와 같이 먹는 샐러드예요.
맛있는 것은 여럿이 같이 먹어야 더욱 맛있죠!
바로 치킨 샐러드가 사랑하는 사람들을 더 생각나게 하네요.

만드는 시간 1시간

2인분

난이도

칼로리 712 Kcal

이런게 필요해요

대표재료 닭가슴살(1쪽), 양상추(1줌), 치커리(1줌), 파프리카(1/2개) **고기밑간** 맛술(1큰술), 허브맛솔트(1작은술) **튀김옷** 우유(1/4컵), 달걀(1개), 튀김가루(2큰술), 빵가루(5큰술) **허니머스터드드레싱** 마요네즈(3큰술), 머스터드(2큰술), 꿀(1+1/2큰술), 레몬즙(1작은술), 볶은소금(1/4작은술), 후춧가루(조금)

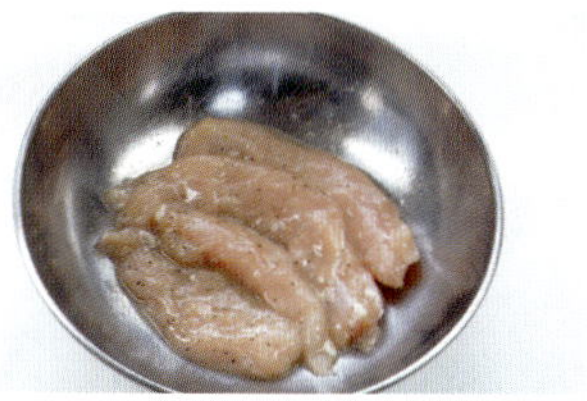

1 닭가슴살은 길게 4등분해서 밑간을 한 다음 30분간 두세요.

2 채소는 깨끗이 씻어서 얼음물에 담가 싱싱하게 만든 다음, 체에 받쳐 물기를 빼주고, 드레싱 양념을 만들어 두세요.

3 우유와 달걀을 한데 섞어서 달걀물을 만든 다음, 튀김가루-달걀물-빵가루 순으로 튀김옷을 묻혀 주세요.

4 달군기름에 닭가슴살을 넣고 바삭하게 튀기세요. 채소를 손으로 잘라서 접시에 깔고, 튀긴 닭가슴살을 얹어 드레싱을 뿌려서 드세요.

이재료의 효능은?

닭고기는 단백질이 풍부해서 인체의 근육을 만드는데 아주 좋은 식품입니다. 또한 돼지고기나 쇠고기에 비해서 칼로리가 훨씬 낮아 최고의 다이어트 식품으로 각광받고 있습니다.

귤의 상큼함을 모아 모아!

귤잼

겨울에만 새콤달콤한 귤을 먹는 것이 아쉬워 잼으로 만들었어요.
귤을 잼으로 만들면 쫄깃쫄깃한 식감이 풍부해져요.
오래 저장이 되니 귤이 먹고 싶을 때 언제든지 먹을 수 있어요.

만드는 시간 1시간

6인분

난이도

칼로리 124 Kcal

이렇게 필요해요

대표재료

귤(500g), 설탕(250g), 레몬즙(2큰술)

1 귤은 껍질을 까서 하나씩 뜯어 냄비에 담고, 설탕을 뿌려서 골고루 버무린 다음, 설탕이 녹게 30분간 실온에 두세요.

2 중간불에서 레몬즙을 떨어뜨리고, 중간 중간 저어가면서 30분 정도 끓이세요.

3 귤이 뭉개지면서 점성이 생기면 잼이 완성됩니다. 끓는 물에 소독한 유리용기에 담아서 냉장보관해서 드세요.

친절한 비법전수

귤을 싱싱하게 보관하려면 썩은 귤은 골라내고 공간이 넓은 상자에 넣고, 상온에 두거나 냉장고에 넣어 보관하세요.

이재료의 효능은?

귤에는 비타민C가 많이 들어 있어 인체의 면역력을 높여주고 스트레스 해소에 좋은 효능을 가지고 있습니다. 껍질과 과육 사이에 있는 하얀 부분에는 비타민P가 많이 들어 있어 동맥경화와 고혈압을 예방하므로 가능하면 이 부분을 버리지 말고 함께 먹는 것이 좋습니다.

사과향이 살아있는

사과잼

달콤하면서 계피향이 은은하게 나는 사과잼이에요. 냉장보관해서 따뜻한 빵에 발라먹으면 입안에서 사르르 녹아요. 달콤함이 필요한 날 사과잼이 있어 행복해요.

만드는 시간 1시간

6인분

난이도

칼로리 162 Kcal

이렇게 필요해요

대표재료 사과(3개), 사이다(1컵)

1차재료 레몬즙(2큰술), 계피가루(조금)

2차재료 설탕(1/2컵)

1 사과는 껍질을 까서 씨를 발라내고 작게 잘라 냄비에 넣고, 사이다 1컵을 부어 끓이다가, 한소끔 끓어오르면 중간불로 줄이세요.

2 레몬즙과 계피가루를 넣고, 30분 정도 끓여주세요.

3 사과가 뭉개지고 국물이 졸아들면 약한불로 줄이고, 설탕 넣어 뚜껑 덮지 말고 15분 정도 중간 중간 저어가면서 은근하게 조려주세요.

4 끈끈하게 점성이 생기면 불을 끄고, 끓는 물에 소독한 유리용기에 담아서 냉장보관해서 드세요.

친절한 비법전수

사과에서는 에틸렌가스가 나와 다른 과일이나 채소를 숙성시켜요. 사과를 감과 같이 보관하면 떫은 감이 며칠 지나서 달아져요.

이재료의 효능은?

사과에 많이 들어 있는 펙틴은 식이섬유소로서 배변을 돕고, 장내 유산균을 증가시켜 장을 건강하게 만듭니다. 또한 펙틴은 체내의 납을 제거하고 중금속을 밖으로 내 보내는 효능을 가지고 있습니다. 또한 사과를 먹으면 기억력과 학습능력이 높아지고, 뇌졸중을 예방하는 효과가 있습니다.

깐깐하게 만들어 더욱 맛있는

깐소새우

활용도가 높은 새우는 뭘 해도 맛이 나요. 그 중에서도 새콤매콤한 중국식 깐소새우는 모두에게 인기가 있는 별미예요. 조금만 신경 쓰면 간식으로, 반찬으로 훌륭한 요리가 탄생해요.

만드는 시간 35분

4인분

난이도

칼로리 385 Kcal

이렇게 필요해요

대표재료 칵테일새우(1줌=110g), 완두(1/3컵), 양파(1/4개), 당근(1토막), 다진파(1큰술), 다진마늘(1/2큰술), 식용유 **튀김반죽** 녹말(5큰술), 달걀(1개) **새우밑간** 맛술(1큰술), 후춧가루(조금) **케첩양념** 케첩(4큰술), 두반장(1큰술), 청주(1큰술), 설탕(1큰술), 물(3큰술), 레몬즙(조금)

1 새우살은 밑간을 해서 두고, 양파와 당근은 사각으로 썰고, 완두는 끓는 물에 데쳐주세요.

2 녹말가루와 달걀을 잘 섞어 튀김반죽을 만들어서 새우를 넣고 버무린 다음, 기름이 달아오르면 새우를 넣고 바삭하게 튀겨주세요.

3 가열한 팬에 식용유 두르고 다진마늘과 다진파를 넣어서 향을 내고, 당근, 양파, 완두를 넣어 볶다가 케첩양념 넣어주세요.

4 튀긴 새우를 넣고 골고루 간이 배게 버무려줍니다.

이재료의 효능은?

새우는 영양이 풍부한 고단백 저칼로리 식품입니다. 타우린이 풍부하여 고혈압에 좋으며, 칼슘이 풍부하여 골다공증을 예방하고 어린이 성장 발육에 좋습니다. 새우의 키토산은 혈중 콜레스테롤 수치를 낮추는 효능을 가지고 있습니다.

따뜻하게 한 그릇

도토리묵밥

도토리묵밥은 자연 그대로의 맛을 살린 한 그릇이에요. 차가운 도토리묵을 뜨거운 물에 넣어 따뜻하게 한 다음, 멸치국물을 넣어 뜨끈하게 한 그릇 말아 드세요.

만드는 시간 30분

2인분

난이도

칼로리 289 Kcal

이렇게 필요해요

대표재료 도토리묵(1/2모), 김치(1줌), 달걀(1개), 오이(1/2개), 풋고추(1개), 깨소금(2작은술), 김가루 **김치양념** 설탕 · 참기름 · 깨소금(1작은술씩) **멸치다시마국물** 물(5컵), 멸치(10마리), 무(1/2토막), 다시마(10cm1장) **국물양념** 청주(1큰술), 국간장(1큰술), 소금

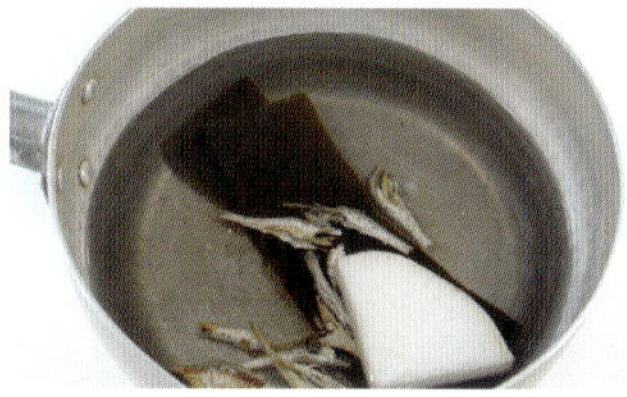

1 냄비에 멸치, 무, 다시마를 넣고 끓여서 멸치다시마국물을 만들어주세요.

2 김치는 송송 썰어서 양념에 무치고, 달걀은 지단을 만들어서 가늘게 썰고, 묵, 오이, 고추도 먹기 좋게 썰어요.

친절한 비법전수

멸치다시마국물을 맛있게 우려내려면,
우선 찬물에 멸치와 무를 넣고 팔팔 끓인 다음,
다시마를 넣고 10분간 더 끓이세요.
마른 새우나 북어를 넣으면 국물이
더 깊고, 시원한 맛이 나요.

3 국물양념을 넣어 간을 해서 멸치, 다시마, 무를 건져내세요. 대접에 묵과 다른 재료들을 넣고 국물을 부어서 드세요.

이재료의 효능은?

도토리묵은 칼로리가 낮아 비만을 예방하고 다이어트에 좋은 식품입니다. 도토리묵의 탄닌 성분은 몸속의 중성 지방을 줄여주고 설사를 멈추게 하며, 아콘산 성분은 중금속과 여러 독성 물질을 해독하고 내보내는 효능을 가지고 있습니다.

봄의 향기를 머금은

쑥버무리

향긋한 쑥과 하얀 쌀가루를 버무려서 쪄주기만 하면 집에서도 손쉽게 할 수 있는 떡이에요.
쑥버무리는 소금간을 잘 해야 하는데요. 쌀가루 맛을 본 다음
소금의 양을 조절해서 넣어야 간간하면서도 맛있는 쑥버무리가 돼요.

만드는 시간 25분

3인분

난이도

칼로리 653 Kcal

이런게 필요해요

대표재료 쑥(2줌=100g), 쌀가루(3컵)

양념 천일염(1/2작은술), 설탕(2큰술)

1 쑥은 다듬어서 찬물에 3~4번 헹구어 불순물을 제거한 후, 채반에 받쳐서 물기를 빼주세요.

체에 한 번 쳐서 내리면 입자가 고와지고 부드러워져요.

2 쌀가루와 소금, 설탕을 함께 섞은 다음, 체에 치세요.

3 물기가 어느 정도 없어진 쑥에 고운 쌀가루를 뿌려서 살살 버무려 주세요.

찜 망에 면보는 물이 끓기 전에 미리 깔아놓으세요.

4 찜통에 뜨거운 김이 나면 쑥을 안치고, 15분간 쪄서 젓가락으로 찔러봐서 쌀가루가 묻어나지 않으면 완성이에요.

친절한 비법전수

찜통에서 찔 때, 찜 망에 닿지 않을 정도로 물을 넣고 찌세요. 물이 쌀가루에 흡수되면 떡이 완성됐을 때 질척거려요.

이재료의 효능은?

쑥은 몸 안에 있는 독성 물질을 밖으로 배출하여 간의 해독 기능을 도와주며, 장을 깨끗하고 튼튼하게 하는 효능이 있습니다. 또 칼슘과 철분, 비타민C를 많이 함유하고 있어서 빈혈이나 골다공증 예방에 아주 좋습니다. 특히 쑥은 여성에게 좋은데 옛날부터 여성 질환의 약초로 사용되었으며, 최근에는 항암 효과가 크다는 연구 결과가 나왔습니다.

한 입에 쏙~ 미소가 절로 나오는

캘리포니아롤

캘리포니아 롤은 캘리포니아에서 처음 만들었다고 해서 붙여진 이름이에요.
아보카도는 이 지역에서 많이 생산되는 과일로 롤에 들어가 진한 맛을 내요.
드실 때 마요네즈를 뿌리면 더욱 맛있어요.

만드는 시간 25분

2인분

난이도

칼로리 318 Kcal

이렇게 필요해요

대표재료 따뜻한 밥(2공기), 구운 김(2장), 아보카도(1/2개), 게맛살(2줄), 날치알
밥지을 때 쌀(2컵), 다시마(10cm 1장), 맛술(1큰술) **밥양념** 식초(2큰술), 설탕(1큰술), 고운소금(1작은술), 레몬즙(1/4작은술)

1 아보카도는 껍질을 깎아서 길게 잘라주고, 게맛살은 길게 2등분하세요.

2 식초, 설탕, 소금을 냄비에 넣고 살짝 끓인 다음, 레몬즙을 떨어뜨리세요. 따뜻한 밥에 밥양념 넣고 골고루 섞어주세요.

밥은 김 가장자리까지 골고루 펴야 누드김밥의 모양이 살아요.

3 도마에 김발을 깔고 김 위에 밥을 올려서 골고루 편 다음, 그 위에 비닐랩을 올려서 뒤집어 김이 제일 위에 오도록 하세요.

4 김 중앙에 맛살과 아보카도를 올려서 비닐랩과 김발을 같이 들어 올리면서 돌돌 말아요.

친절한 비법전수

아보카도를 손질할 때는 세로로 칼집을 한 바퀴 돌려서 넣은 후, 양손으로 비틀고 가운데 씨는 칼로 콕 찍어 빼내고, 껍질을 깍아 주세요.

이재료의 효능은?

김에는 베타카로틴 성분이 풍부하여 눈을 보호하고 건강하게 해주며, 포르피오신 성분은 궤양을 예방합니다. 또한 김에는 타우린 성분이 있어 콜레스테롤을 감소시키고, 동맥경화와 고혈압 예방에도 효능이 있습니다.

귀한 흑마늘 집에서 만들어 먹어요!

흑마늘

흑마늘은 발효가 되면서 마늘의 강한 냄새와 매운 맛이 없어져요.
먹어보면 쌉싸름하면서도 새콤달콤한 맛이 나지요.
흑마늘을 한 번에 많이 먹으면, 속이 쓰리니 6알 정도만 드세요.

만드는 시간 15일

2인분

난이도

칼로리 48 Kcal

이렇게 필요해요

대표재료 통마늘(15개)

1 통마늘을 준비해서 뿌리를 잘라내고, 겉껍질만 벗겨내고 겉을 매끈하게 다듬어주세요.

2 사용하지 않는 전기밥솥에 쇠로 된 찜망을 얹고, 그 위에 통마늘을 올려서 보온으로 놓고, 15일동안 뚜껑을 열지 말고 두세요.

3 보름이 지나서 뚜껑을 열고, 흑마늘을 꺼내서 냉장고에 두고 조금씩 드세요.

친절한 비법전수

마늘의 껍질을 완전히 벗기지 마세요. 발효될 때 생기는 가스를 제거하고, 습도, 온도를 조절해줘요. 보관할 때도 껍질 째 보관하면 좋아요.

이재료의 효능은?

마늘에 들어 있는 알리신이라는 물질은 강한 항균 및 살균 작용이 있어서 식중독을 예방하고, 감기와 암의 예방에도 좋습니다. 또한 피로 회복과 고혈압 예방에 좋으며, 냉한 체질을 개선하는 데에도 도움을 줍니다. 그리고 수은과 같은 중금속을 해독하는 성분이 들어 있습니다.

진하게 우러난 건강차

대추차

신경이 예민해져 있을 때 마음을 달래는 따뜻한 차 한 잔! 바로 진하게 우려서 깊은 맛이 나는 대추차예요. 그냥 마셔도 좋지만 꿀을 넣어서 드시면 더 맛있어요.

만드는 시간 100분

5인분

난이도

칼로리 35 Kcal

이렇게 필요해요

대표재료 말린 대추(40알), 물(10컵)

친절한 비법전수

마른 대추는 냉장고에 넣으면 수분을 빼앗겨 금방 딱딱해지니, 양파자루에 넣어 바람이 잘 통하는 곳에 매달아두세요.

1 대추는 물에 담가 칫솔로 문질러서 먼지를 닦아내세요.

2 냄비에 물과 대추를 넣고, 센불로 끓이다가 끓기 시작하면 약한불로 줄입니다. 대추가 으깨질 정도로 1시간 30분간 끓이세요.

3 물러진 대추를 체에 받쳐서 수저로 으깬 다음, 남은 껍질과 씨는 버리세요.

4 걸쭉해진 대추 물을 다시 약한불에서 10분 정도 은근하게 끓인 다음, 꿀을 타서 달달하게 드세요.

이 재료의 효능은?

대추는 신경을 안정시키고 불면증을 완화시키는 효과가 있습니다. 또한 여성에게는 피부를 아름답게 하고 노화를 방지하며, 남성에게는 생식 기능을 강화하고 정력을 좋게 하는 효능도 있습니다. 대추는 한약을 달일 때 독을 제거하는 효과가 있고, 특히 칼슘과 인, 철분이 함유되어 있어서 히스테리나 여성 갱년기 장애에 좋습니다.

우리 집 감기 지킴이

모과차

늦가을이면 노랗게 잘 익은 모과로 겨우내 감기 걱정을 덜어 줄 감기약을 만들어요.
잘게 썰어서 설탕에 절이기만 하면 되니 참 쉬워요!
향도 좋고 건강에도 좋은 모과! 고마워요~

친절한 비법전수

끈적거리는 꿀을 흘리지 않고 덜어내려면, 숟가락을 뜨거운 물에 담가서 따뜻하게 한 다음 사용하면 깔끔하게 돼요.

만드는 시간 20분

10인분

난이도

칼로리 97 Kcal

이렇게 필요해요

대표재료

모과(2개=500g), 황설탕(300g), 꿀(200g)

1 모과는 물로 깨끗하게 씻어서 4등분하여 씨를 제거해주세요.

모과청의 맨 위에 올릴 황설탕 3큰술은 남겨두세요.

2 가늘게 채 썰어서 넓은 그릇에 담아 황설탕을 뿌려서 골고루 섞어주세요.

유리병이 뜨거우니 조심하세요.

3 냄비에 유리병을 거꾸로 세우고, 물이 끓어오르면서 소독이 되면 불을 꺼요. 바깥으로 꺼내서 물기를 말리세요.

설탕을 올리면 공기 차단효과가 있어요.

4 소독한 병에 모과채와 꿀을 켜켜이 얹다가 맨 위에는 설탕 3큰술을 올려서 고르게 펴주세요. 냉장보관하세요.

이 재료의 효능은?

모과에는 사포닌, 구연산, 비타민C, 플라보노이드 등이 들어 있어 감기 예방과 피로 회복에 효능을 가지고 있습니다. 비타민C가 풍부하여 피부 미용에 좋으며, 철분과 칼슘, 무기질이 들어 있어 뼈와 근육을 튼튼하게 만들어줍니다. 또한 설사병에 좋으며 소화 기능에도 도움을 줍니다.

몸을 따뜻하게 해주는

생강차

몸을 따뜻하게 만들어 주는 생강차. 평소 생강을 잘 먹지 않더라도 차로 만들어 먹으면 매운맛이 강하지 않고, 단맛이 나서 드시기에 좋아요.

만드는 시간 25분

6인분

난이도

칼로리 65 Kcal

이렇게 필요해요

대표재료 생강(200g), 꿀(1/2컵), 물(1+1/2컵), 천일염(조금)

1 생강은 껍질을 벗겨서 물로 헹궈 물기를 빼주세요.

2 편으로 얇게 썰어주세요.

3 끓는 물에 생강과 천일염(조금)을 넣어서 살짝 데친 다음, 찬물에 헹궈 물기를 빼주세요.

4 생강과 꿀, 물을 넣고 한소끔 끓으면, 약한불로 줄여 물기가 없어질 때까지 조려요. 소독한 병에 담아 냉장보관 하세요.

친절한 비법전수

생강을 편으로 썰어 바짝 말린 다음, 주전자에 물과 말린 생강을 넣고 푹 끓여서 꿀을 넣어 드셔도 좋아요.

이재료의 효능은?

생강의 매운맛을 내는 진저롤 성분은 소화액의 분비를 돕고, 위장 운동도 돕기 때문에 소화에 좋은 효능이 있습니다. 생강의 껍질에 약효를 가진 성분이 많기 때문에 껍질을 깨끗이 씻어 그대로 사용하는 것이 좋습니다. 혈액 순환을 활발하게 하고 체온을 높여주어 감기를 예방해주고, 관절염의 통증을 줄이고, 메스꺼움을 없애게 하므로 멀미약 대용으로도 좋습니다.

위 건강을 위해 후르룩~

브로콜리스프

위암을 예방하는 브로콜리, 위염을 예방하는 우유를 같이 넣어 부드럽게 스프를 만들었어요. 우유가 잘 맞지 않는 분들도 스프로 만들어서 먹으면 소화가 잘 됩니다.

만드는 시간 30분

3인분

난이도

칼로리 180 Kcal

이렇게 필요해요

대표재료 브로콜리(1/4송이), 감자(1개=1줌크기), 양파(1/8개), 버터(1큰술), 천일염 **스프양념** 물(1컵),우유(1컵), 소금(1/2작은술), 후춧가루

1 브로콜리는 천일염을 조금 넣고, 살짝 데쳐서 찬물에 헹궈두고, 감자는 얇게 썰고, 양파는 다져주세요.

2 가열한 냄비에 버터를 녹여서 양파, 감자, 브로콜리 순으로 볶은 후, 물 1컵을 부어서 감자가 익을 때까지 끓이세요.

3 한 김 식혀서 믹서기에 갈아 냄비에 붓고, 약한불에서 끓기 시작하면 우유를 넣고, 소금과 후춧가루로 간을 해서 은근하게 끓여주세요.

친절한 비법전수

우유를 따뜻하게 데울 때 생기는 흰 막은 좋은 성분이 응고된 것이니 걷어내지 말고 잘 저어서 드세요.

이재료의 효능은?

브로콜리는 비타민K가 많이 들어 있어서 뼈에서 칼슘이 빠져나가는 것을 방지하여 뼈를 튼튼하게 합니다. 브로콜리의 설포라판 성분은 강력한 항암 효과를 가지고 있는데, 끓는 물에 데치거나 찔 때 이 설포라판의 양이 많아집니다. 엽산도 풍부해서 임산부에게는 기형아를 예방해 주고, 노인에게는 기억력과 청력을 좋게 합니다.

가볍게 즐기는

단호박스프

우유와 단호박을 넣고 후루룩 먹을 수 있는 달콤한 스프를 만들었어요.
스프의 부드러움에 마음까지도 따뜻해져요.

만드는 시간 30분

4인분

난이도

칼로리 185 Kcal

이렇게 필요해요

대표재료 단호박(1/2통), 양파(1/4개), 버터(1큰술)

스프양념 물(1+1/2컵), 우유(2/3컵), 소금(1/2작은술), 후춧가루(조금)

1 단호박은 속을 파내고 껍질을 깎아서 얇게 썰어주고, 양파는 채 썰어주세요.

2 가열한 냄비에 버터를 녹인 후, 양파를 넣고 볶다가 단호박을 넣고 볶아주세요.

3 물1+1/2컵을 붓고, 단호박이 무르도록 끓인 다음, 뜨거운 김이 나가게 식히세요.

4 단호박을 믹서기에 곱게 갈아서 냄비에 붓고 다시 한 번 끓이세요. 우유 2/3컵을 붓고, 소금과 후춧가루로 간을 해서 한소끔 더 끓이세요.

이 재료의 효능은?

우유에 들어 있는 단백질 성분은 위염의 원인이 되는 헬리코박터파일로리균의 침투를 막아 위를 보호하는 효능을 가지고 있습니다. 그리고 칼슘이 풍부하게 들어 있어 뼈를 튼튼하게 하며, 저렴하면서도 완벽한 영양 식품 중 하나입니다.

내 몸을 위한 건강죽

야채죽

갖가지 야채와 찹쌀을 넣고 푹 삶은 죽이에요. 만드는 방법도 쉬우니 내 몸을 위해서 건강한 죽을 만들어 보세요. 몸이 고마워 할 거예요.

만드는 시간 40분

2인분

난이도

칼로리 324 Kcal

이런게 필요해요

대표재료 찹쌀(1컵), 참기름(1큰술), 마른표고버섯(1개), 당근(1/5개), 애호박(1/5개), 양파(1/6개) **양념** 물(5컵), 국간장(1작은술), 소금(조금)

1 찹쌀은 3번 정도 씻어서 물에 담가서 30분 이상 불려주고, 체에 받쳐 물기를 빼주세요.

2 마른표고버섯은 미지근한 물에 불린 다음 잘게 썰고, 당근과 애호박, 양파도 잘게 다져주세요.

3 달군 냄비에 참기름을 두르고 찹쌀이 투명해질 때까지 볶아요. 표고버섯과 물 5컵을 넣고 끓기 시작하면 약한불로 줄여서 30분간 끓여요.

4 당근, 애호박, 양파를 넣고, 다시 한소끔 끓인 후, 국간장과 소금을 넣어 간을 하세요.

이 재료의 효능은?

찹쌀은 위를 보호하고 소화를 잘 되게 합니다. 따라서 찹쌀죽은 만성 위염이나 위궤양 환자에게 좋습니다. 그리고 몸을 따뜻하게 만들어 설사를 멈추게 하고, 몸이 허약하여 땀을 많이 흘리고 목이 말라 물을 자주 먹는 소갈에도 좋습니다. 또한 노약자나 환자의 체력을 회복하는데 도움을 주며, 산모의 젖이 잘 나오게 하는 효능도 가지고 있습니다.

지친 몸을 위로해주는

단호박죽

나의 지친 몸을 달래주는 고마운 호박죽!
호박죽을 먹고 있으면 아픈 곳이 서서히 낫고 있는 생각이 들어요.
힘들 땐 엄마가 해주시던 호박죽이 생각나요.

만드는 시간 40분

2인분

난이도

칼로리 375 Kcal

이렇게 필요해요

대표재료 단호박(1/2통=350g), 찹쌀가루(1/2컵), 물(1컵+1컵)

양념 설탕(1+1/2큰술=조청), 볶은소금(1/3작은술)

1 단호박은 껍질을 깨끗이 씻고, 수저로 속을 파내서 찜통에 물을 넣고 15분간 쪄주세요.

2 칼로 껍질을 벗긴 다음, 국자로 눌러 으깨 주세요.

3 단호박에 물 1컵을 붓고, 호박이 무르도록 푹 끓이세요.

4 찹쌀가루 1/2컵을 물 1컵에 개서 단호박에 붓고, 걸쭉하게 끓여요. 소금과 설탕을 넣어서 간을 한 다음, 한소끔 더 끓이세요.

이재료의 효능은?

호박에 들어있는 노란 색소인 루테인은 피부암을 예방하며, 베타카로틴은 인체의 면역력을 높여줍니다. 또한 베타카로틴은 혈전의 생성을 막고 혈액 순환을 좋게 하여 심근 경색 예방에도 좋습니다. 그리고 비타민C가 풍부하여 피부 미용에 좋으며, 몸 안에 있는 수분을 밖으로 배출해서 부기를 빼주는 효능이 있습니다.

INDEX

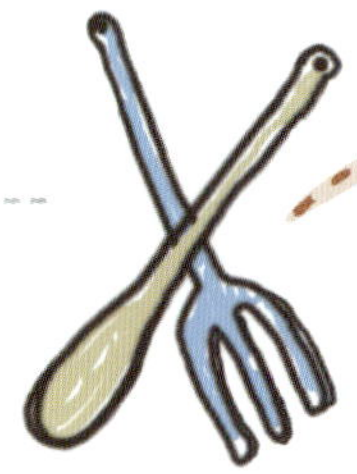